HOLLA-DIE-KOCHFEE
ZAUBERT

# LOW CARB
## SCHNELL & EASY

SCHNELL
&
EASY
30 Min
60
55
50
45
40
35

# WEITER GEHT'S ...
# NOCH MEHR ZAUBEREI!

Was war das für ein Jahr! Erinnern Sie sich noch? „Jedem Anfang wohnt ein Zauber inne", schrieb ich vor einem Jahr ins Vorwort zu meinem ersten Buch „Low Carb Backen", nachdem ein großer Traum für mich wahr geworden war und meine süßen Low-Carb-Rezepte sich auf den Weg zu Ihnen nach Hause aufgemacht hatten.

Ein paar Wochen später „besuchte" ich mein „Feenkind" zum ersten Mal in meiner Buchhandlung und erst da wurde es real: Das war „mein" Bücherstapel. Was dann passierte, hat meine kühnsten Erwartungen übertroffen, denn der Zauber ging erst richtig los! So viele liebe Mails, Fotos der nachgemachten Köstlichkeiten, begeisterte Bewertungen, Interviews, Zeitungsberichte, neue tolle Projekte – und vor allem: ein so wunderbares Miteinander hinter den Kulissen mit all meinen Fans und Lesern. Ich hatte ein großartiges Jahr, vielen Dank dafür!

Und heute? Da stelle ich Ihnen „Feenkind Nummer zwei" vor und hoffe, Sie werden es genauso ins Herz schließen wie die süße Schwester. Eine Fülle an Rezepten wartet darauf, von Ihnen ausprobiert zu werden, egal ob Suppe, Salat, knusprige Nuggets, edler Fisch oder süßer Nachtisch: In allen Gerichten stecken nur wenige Kohlenhydrate, dafür aber jede Menge Liebe!

An dieser Stelle ein Riesendankeschön an „meine" Fotografin Anke Schütz und ihr Team. Diesmal habe ich sie bei der Produktion der Fotos besucht und war begeistert von der Freude und Liebe zum Detail, die in jedem einzelnen Bild steckt! Und JA, es ist „echtes" Essen auf den Fotos – und JA, wir haben alles noch mal nachgekocht und natürlich auch gegessen ...

Allen Rezepten in diesem Buch ist gemeinsam, dass man sie mit wenigen Handgriffen in kurzer Zeit zubereiten kann. Trotz des stressigen Alltags und auch als Küchenneuling hat man so eine ausgewogene, leckere Low-Carb-Mahlzeit schneller auf dem Tisch, als es der Pizzabote schafft! Die kleine Uhr über den Zutatenlisten zeigt Ihnen jeweils, wie lange Sie für die Zubereitung brauchen. Und für einen genussvollen Abend mit Freunden oder Familie gibt es zwei Menüs – eins mit und eins ohne Fleisch –, die Schritt für Schritt gestaltet wurden. So bleiben Sie gut gelaunt und tiefenentspannt und müssen sich keine Gedanken machen, ob alles gelingt.

Und so sage ich heute ein zweites Mal: Lassen Sie sich verzaubern – und vor allem, seien Sie kreativ, mischen Sie nach Herzenslust und lassen Sie mich an Ihren Ergebnissen teilhaben!

Ihre Petra

Petra Hola-Schneider, Holla, die Kochfee

# DIE SCHNELLE LOW-CARB-KÜCHE

**Übersetzt heißt „Low Carb" „wenig Kohlenhydrate" (vom Engl. „carbohydrates"). Auf diesem Prinzip beruhen zahlreiche Diäten. Hier geht es aber nicht um ein strenges Abnehmkonzept, sondern einfach um leckere und schnelle Rezepte für jeden Tag, die kohlenhydratarm sind und auf Zucker, Weißmehl und stark verarbeitete Produkte verzichten.**

Low Carb – was bedeutet das im Alltag? Was muss ich weglassen, wo stecken überhaupt die meisten Kohlenhydrate drin und wie kann ich Produkte ersetzen? Und warum eigentlich sollte ich überhaupt über Low Carb nachdenken?

### Sweets for my sweets – oder doch lieber nicht?

Jeder kennt die Kurven, die den Blutzuckerspiegel darstellen: Je nach Zuckergenuss schnellen sie in die Höhe, um ruck, zuck wieder abzufallen. Der unschöne Effekt: Wir werden schnell wieder hungrig, müde, abgeschlagen ... und wollen noch mehr essen! Fand man Zucker früher nur da, wo man ihn auch vermutete – in Kuchen, Torten und Süßigkeiten –, taucht er inzwischen leider in fast allen verarbeiteten Produkten auf: egal ob süß oder deftig, egal ob Ketchup, Wurst, Getränke oder Fertigprodukte. Denn Zucker ist ein guter und billiger Geschmacksverstärker und die Nahrungsmittelindustrie nutzt ihn, wo es nur geht. So kann es sein, dass unser Blutzucker bei entsprechender Ernährung Achterbahn fährt – täglich von morgens bis abends.

### Alternativen zu raffiniertem Zucker

In der moderaten Ernährung, wenn kein Diabetes vorliegt und man auch nicht viel abnehmen möchte, bieten sich natürliche Süßungsmittel an: zum Beispiel Honig, Reissirup, Ahornsirup, Kokosblütenzucker oder Agavendicksaft. Sie können auch mit Obst süßen, vor allem getrocknete Früchte eignen sich dafür wunderbar. Zu viel davon ist zum Abnehmen allerdings nicht geeignet, denn auch Fruchtzucker macht dick. In diesem Fall muss man – ebenso wie Diabetiker – zur nächsten Gruppe greifen: Zuckeraustauschstoffe wie Stevia, Birkenzucker (Xylit) oder Erythrit stehen dann zum Beispiel zur Wahl. Ich persönlich verzichte auf künstlich hergestellte Süßstoffe wie die beiden gängigsten Aspartam und Saccharin.

### Weißmehl – nur leere Kalorien?

Die nächste Herausforderung: Weißmehl, Weizenmehl Type 405. Es verursacht durch den hohen Anteil an „leeren" Kohlenhydraten die gleiche Achterbahnfahrt wie Süßes: Die enthaltenen Kohlenhydrate werden vom Körper blitzschnell verwertet, die Stärke wird schnell in Zucker umgewandelt. Anders als bei einem Vollkornprodukt, das uns mit seinen Ballaststoffen konstant satt hält, den Darm beschäftigt und Heißhungerattacken vermeidet, sind wir nach einem großen Teller Pasta, einem Braten mit Klößen oder einem Baguette oft erst abgeschlagen und dann schnell wieder hungrig. Als Alternativen zu Weißmehl bieten sich dunkle Vollkornmehle aus Dinkel oder Roggen oder alte Sorten wie Emmer an, die jetzt wieder vermehrt zum Einsatz kommen. Inzwischen wird alles zu Mehl vermahlen, was die Natur hergibt: Walnusskerne, Mandeln, Kastanien, Leinsamen, Linsen oder Kichererbsen. Natürlich enthalten diese Produkte auch Kohlenhydrate, aber solche, die der Körper langsam verstoffwechselt und die uns lange sättigen. Dazu kommen Produkte, die von Natur aus kaum Kohlenhydrate mitbringen wie Shirataki-Nudeln. In den Rezepten zeige ich Ihnen schnelle, gesunde und kohlenhydratarme Beilagen mit wenigen Zutaten, die in ein paar Minuten auf dem Teller liegen.

### Bitte keine stark verarbeiteten Lebensmittel

... denn sie können versteckte Zucker und Konservierungsstoffe enthalten. Hierzu gehören Fertigprodukte, Saucen, Wurst, aber auch Süßigkeiten und süße Getränke. Genau hinschauen ist hier ein absolutes Muss! Eine Faustregel könnte sein: am besten Produkte mit sehr kurzen Zutatenlisten kaufen. Auch Gemüse und Obst spielen in Sachen „Low Carb" eine große Rolle, denn sie sind voller Vitamine und Ballaststoffe, beschäftigen den Darm und lassen den Blutzuckerspiegel nicht zu rasch ansteigen. Egal ob als Gemüsepommes, Pürees, Aufläufe, Salate, Bowls oder Suppen – so abwechslungsreich, günstig und gesund kann man sich kaum mit anderen Lebensmitteln ernähren.

### Ruck, zuck aufgetischt

Alle Rezepte haben eines gemeinsam: Sie sind meist einfach, benötigen nur wenige Zutaten und stehen in kurzer Zeit – in maximal 30 Minuten reiner Arbeitszeit (Ausnahme: Brot) – auf dem Tisch. Das sind für mich die drei Grundsäulen, denn der Alltag fordert uns alle genug – selbst wenn man wie ich das Kochen liebt. Noch mehr Tipps, wie man in der Küche Zeit spart, erfahren Sie auf der nächsten Seite. Zunutze mache ich mir auch „schnelle" Produkte wie TK-Erbsen oder TK-Beeren, vorgegarte Rote Bete im Vakuum oder bereits gegrillte Paprika aus dem Glas. Auch dünne Hähnchen- und Fischfilets sind im Handumdrehen gegart. Sie können bei den Rezepten natürlich die Beilagen tauschen, die Gemüsesorten ebenso – die Rezepte sollen ein kleines Fundament bilden für Ihre eigene Kreativität auf dem Weg in ein gesünderes Leben.

# MEHR SPEED
# IN DER KÜCHE

Zum Glück gibt es ein paar clevere Tipps und Tricks, mit denen man – ganz ohne Zauberei – in der Küche den Turbo einlegen kann. Als Erstes rate ich jedem, sich eine Küchenmaschine anzuschaffen. Es muss kein teures High-End-Gerät sein, aber eines, das mixt, raspelt, zerkleinert und in Scheiben schneidet. Das ist eine wirklich gute Investition: Ich bereite mit dem Blitzhacker tatsächlich alles zu: Rührteig, Brotteig, Kräuterbutter, Eis, Gemüsescheiben, Smoothies. Aber natürlich habe ich auch viele andere nützliche Ideen, die das (Küchen-) Leben leichter machen.

## AB IN DIE TÜTE

Egal ob Gemüse oder Fleisch: Ich mariniere alles in Gefrierbeuteln, am besten in wiederverschließbaren. Die Zutaten reinwerfen und durchkneten – so kommt die Würze in jedes Eckchen bzw. an jedes Salatblättchen!

## SCHARFE MESSER

Klingt simpel, ist aber das A und O, wenn man schnell arbeiten möchte! Nicht umsonst hüten Köche ihre Messer wie einen Schatz: Sie ermöglichen rasches Arbeiten und obwohl es paradox klingt: Auch die Verletzungsgefahr ist mit scharfen Messern in meinen Augen geringer, denn glatte Schnitte heilen besser …

## SCHNIPP, SCHNAPP

Kräuter schneide ich selten mit einem Messer, meistens pflücke ich sie, halte sie kurz unter Wasser, schüttele oder tupfe sie trocken und schneide sie mit der Schere klein. Geht auch mit einer Küchenschere perfekt.

## AUSGEPRESST

Zitronensaft lässt sich einfacher auspressen und man holt viel mehr raus, wenn man die Zitrone vorher mit leichtem Druck über die Arbeitsplatte rollt.

## GABELFERTIG

Shirataki- bzw. Konjak-Nudeln kann man im Sieb mit der Schere ganz einfach auf die richtige Länge trimmen.

## WASSER-KOCHER

Ganz logisch – gebe ich zum Kochen bereits kochendes Wasser in den Topf, bin ich schneller fertig, als vor dem Topf zu meditieren!

## BLITZBLANK

Mit einer gewöhnlichen Teigkarte lässt sich nicht nur die Teigschüssel perfekt ausschaben, sondern man kann auch alle Reste von der Arbeitsfläche direkt in den Biomüll schieben.

## GEPELLT WIE NIX

Eier immer in eiskaltem Wasser abschrecken, danach pellen sie sich schon fast freiwillig!

## FIXE WÜRFEL

Zucchini bis kurz vor dem Strunk mehrfach längs einschneiden, die Frucht um 90 Grad drehen und ebenso verfahren.

Dann quer Würfel schneiden – das klappt supereasy, weil die Zucchini an einem Ende noch zusammenhält. Funktioniert übrigens auch mit Auberginen.

## OFEN VORHEIZEN

Wird gebacken (und der Teig muss nicht gehen) oder gebraten, wird der Ofen SOFORT vorgeheizt, das spart Wartezeit!

# KLEINIG-KEITEN

Wir starten klein & fein – mit leckeren Ideen, wenn Sie etwas für den kleinen Hunger oder eine raffinierte Vorspeise suchen. Ein Blitzsüppchen mit Räucherforelle vielleicht? Köstliche Parmesanwaffeln oder ein Almsalat mit Wildkräutern und Blüten? Hier finden Sie auf die Schnelle lauter Lieblinge – denn manchmal reicht schon eine kleine Schüssel, um glücklich zu werden!

# MEDITERRANER SALAT
## MIT KNUSPER-CROÛTONS

**Rucola habe ich das erste Mal in der Toskana als Vorspeise gegessen – ganz ohne Schnickschnack, nur mit bestem Olivenöl, etwas Salz und Pfeffer. Bis heute schmeckt er für mich nach Urlaub!**

10 MIN.

VEGETARISCH, GLUTENFREI

FÜR 2 PERSONEN

200 g Rucola
200 g Cocktailtomaten
2 Scheiben LC-Brot (siehe S. 108)
3 ½ EL Olivenöl, Salz
1 Handvoll Oliven (50 g)
1 EL große Kapernäpfel
1 EL Aceto balsamico bianco
Pfeffer aus der Mühle
50 g Parmesanspäne

Pro Portion: ca. 460 kcal, 18 g EW, 39 g F, 6 g KH

1. Den Rucola verlesen, waschen und trocken schleudern, dabei grobe Stiele entfernen. Die Tomaten waschen und je nach Größe vierteln oder halbieren.

2. Die Brotscheiben in grobe Stücke rupfen oder schneiden und in einer Pfanne in 2 EL Olivenöl goldbraun braten, mit Salz würzen. Die Croûtons sollen schön knusprig werden!

3. Den Rucola mit den Tomaten auf Tellern anrichten und die Oliven und Kapernäpfel darauf verteilen. Alles mit dem übrigen Olivenöl und dem Essig beträufeln und mit Salz und Pfeffer würzen. Zuletzt die Parmesanspäne und als knusprige Krönung die Brotwürfel darübergeben.

### ALLES KÄSE

Statt Parmesan können Sie auch grob zerkleinerten Schafskäse oder Halloumi zum Servieren über den Salat streuen. Letzteren können Sie zusammen mit den Brotstücken in der Pfanne braten, das spart Zeit. Wer keine Zeit zum Brotbacken hatte, kauft eins … ausnahmsweise!

TOSKANA
MEETS
LOW CARB

# JOGHURTKALTSCHALE
# *MIT RÄUCHERFORELLE*

**Sie suchen eine leckere Erfrischung an heißen Sommertagen? Dann ist dieses Süppchen genau richtig: frischer Joghurt, leichte Gurke und jede Menge Dill, getoppt von würzigem Räucherfisch.**

10 MIN.

**GLUTENFREI**

**FÜR 2 PERSONEN**

1 Salatgurke
1 Bund Dill
200 g griech. Joghurt (10 % Fett)
200 g saure Sahne
1 Knoblauchzehe
Salz, Pfeffer aus der Mühle
1 TL Limetten- oder Zitronensaft
2 geräucherte Forellenfilets (à ca. 125 g)

Pro Portion: ca. 475 kcal, 33 g EW, 32 g F, 12 g KH

**1.** Rechtzeitig zwei tiefe Teller oder Suppenschalen in den Kühlschrank stellen.

**2.** Die Salatgurke waschen, der Länge nach halbieren und die Kerne mit einem Teelöffel entfernen. Dann die Gurkenhälften auf der Gemüsereibe grob raspeln. Den Dill waschen und trocken tupfen, die Spitzen abzupfen und fein hacken.

**3.** Joghurt und saure Sahne in einem hohen Rührbecher mit dem Stabmixer verrühren und aufschäumen. Die Gurkenraspel und den Dill untermischen. Wer mag, legt einige Dillstiele zum Garnieren beiseite. Den Knoblauch schälen und dazupressen. Die Kaltschale mit Salz und Pfeffer würzen und den Limetten- oder Zitronensaft unterrühren.

**4.** Die Räucherforellenfilets mit zwei Gabeln in Stücke pflücken. Die Joghurtkaltschale auf die gekühlten Teller oder Schalen verteilen und die Räucherforellenstücke daraufsetzen, nach Belieben mit Dill garnieren.

## MEHR KÜHLES, BITTE!

Die Kaltschale schmeckt genauso gut mit Buttermilch statt Joghurt: Einfach 200 g Buttermilch mit Gurkenraspeln, Dill und saurer Sahne mischen und wie im Rezept beschrieben würzen. Und: Auch jeder andere Räucherfisch passt dazu!

# THUNFISCH-WRAPS
## *MIT TOMATEN*

**Hier ist er, der Speedy Gonzales unter den Wraps! Einfach die Zutaten mischen, würzen, in große Salatblätter wickeln, fertig! Und beim Genießen kann man sich dann gaaanz viel Zeit lassen.**

10 MIN.

**GLUTENFREI**

**FÜR 2 PERSONEN**

1 Schalotte
1 EL Olivenöl
1 Knoblauchzehe
40 g getr. Tomaten (in Öl)
200 g eingelegter Thunfisch (in Lake)
Salz, Pfeffer aus der Mühle
einige schöne Salatblätter

Pro Portion: ca. 265 kcal, 26 g EW, 16 g F, 3 g KH

**1.** Die Schalotte schälen und in feine Würfel schneiden. Das Olivenöl in einer Pfanne erhitzen und die Schalotte darin andünsten. Den Knoblauch schälen und dazupressen. Alles bei schwacher Hitze etwa 5 Minuten dünsten – so werden die Schalottenwürfel bekömmlich und erhalten ein süßliches Aroma. Die Pfanne vom Herd nehmen.

**2.** Inzwischen die Tomaten abtropfen lassen, dabei das Einlegeöl auffangen, und in feine Würfel schneiden. Den Thunfisch abtropfen lassen, mit zwei Gabeln in Stücke pflücken und mit den Tomaten zu den Schalotten geben.

**3.** Alles gut mischen, mit Salz und Pfeffer würzen und noch etwas Tomateneinlegeöl unterrühren.

**4.** Zum Servieren die Salatblätter putzen, waschen und trocken tupfen. Auf Teller verteilen, jeweils etwas Thunfischmasse daraufgeben und zu Wraps aufrollen.

### PULLED CHICKEN

Wer die Wraps lieber mit gezupftem Hähnchenfleisch statt mit Thunfisch füllt, kann dafür zum Beispiel Reste vom Platten Huhn (siehe S. 68) verwenden: einfach das gegarte Hähnchenfleisch ohne Haut in kleine Stücke zupfen und wie beschrieben verarbeiten.

# ROTE-BETE-CARPACCIO
## *MIT BURRATA UND PESTO*

**Sie kennen Burrata, den extraweichen mozzarella-ähnlichen Käse aus Italien? In der Kombination mit Roter Bete und aromatischem Pesto könnte er Ihr neuer Liebling werden!**

10 MIN.

VEGETARISCH, GLUTENFREI

FÜR 2 PERSONEN

400 g Rote Beten (vorgegart und vakuumiert)
Salz, Pfeffer aus der Mühle
1 Bund gemischte Kräuter (siehe Tipp)
2–3 EL Olivenöl
2 TL Zitronensaft
1 TL abgeriebene Bio-Zitronenschale
2 kleine Burrata (à ca. 100 g; ersatzweise Mozzarella)

Pro Portion: ca. 480 kcal, 21 g EW, 34 g F, 20 g KH

1. Die Roten Beten in dünne Scheiben schneiden und fächerartig auf Tellern anrichten (dabei am besten Einweghandschuhe tragen!). Die Rote-Bete-Scheiben mit Salz und Pfeffer würzen.

2. Für das Pesto die Kräuter waschen und trocken schütteln, die Blätter abzupfen und grob hacken. Die zerkleinerten Kräuter in einen hohen Rührbecher geben. Olivenöl, Zitronensaft und -schale sowie Salz und Pfeffer hinzufügen und alles mit dem Stabmixer zu einem Pesto pürieren.

3. Die Burrata jeweils in die Mitte der Rote-Bete-Scheiben setzen und mit zwei Gabeln etwas aufreißen. Das Gartenkräuter-Pesto darauf verteilen.

### PESTO PRESTO

Das Pesto lässt sich super variieren: Sie können es auch mit Petersilie, Basilikum, Bärlauch oder Koriandergrün zubereiten: So schmeckt es jedes Mal anders! Wer die Roten Beten selbst garen möchte, putzt die Knollen und gart sie 30 bis 40 Minuten in Salzwasser. Dabei ist es wichtig, dass Sie die Knollen mit unversehrter Schale kochen, ansonsten würden sie „ausbluten“ und ihre kräftige Farbe verlieren. Nach dem Garen lässt sich die Schale leicht mit einem Messer entfernen (am besten mit Einweghandschuhen arbeiten!).

SCHMECKT
AUCH MIT
SCHAFSKÄSE!

# MISO-GEMÜSESUPPE
## *MIT KONJAKNUDELN*

**Konjaknudeln werden zu Recht als DIE Diätnudeln bezeichnet. Die japanische Pasta aus dem Mehl der Konjakwurzel enthält so gut wie keine Kohlenhydrate. Ein echtes Low-Carb-Vergnügen!**

15 MIN.

**VEGETARISCH, VEGAN, GLUTENFREI**

**FÜR 2 PERSONEN**

300 g Gemüse nach Wunsch (z. B. Möhren, Erbsen, Staudensellerie, Lauch, Frühlingszwiebeln, Weißkohl, Mangold, Zucchini)
1 Frühlingszwiebel
2 TL glutenfreie Misobrühe
200 g Konjaknudeln (Shirataki-Nudeln; Asialaden)

Pro Portion: ca. 55 kcal, 2 g EW, 1 g F, 6 g KH

1. Das Gemüse putzen und waschen bzw. schälen. In feine Streifen oder Scheiben schneiden oder auf der Gemüsereibe hobeln. Die (zusätzliche) Frühlingszwiebel putzen, waschen und in dünne Ringe schneiden, zum Garnieren beiseitestellen.

2. In einem Topf ½ l Wasser aufkochen (siehe S. 9), die Misobrühe dazugeben und das Gemüse hinzufügen. Das Gemüse mit geschlossenem Deckel bei mittlerer Hitze etwa 8 Minuten bissfest garen.

3. Inzwischen die Nudeln in einem Sieb gründlich mit heißem Wasser abbrausen und in die Suppe geben. Die Suppe sofort auf tiefe Teller oder Suppenschalen verteilen und mit den beiseitegestellten Frühlingszwiebelringen servieren.

### STATT SALZ IN DER SUPPE

Für mehr Pep in der Suppe sorgen 1 Spritzer Limettensaft, Sojasauce oder etwas Chili! Übrigens: Die asiatischen Konjaknudeln machen im Vergleich zu herkömmlichen Weizennudeln lange satt und gelangen unverdaut in den Dickdarm. Ihre wenigen Kohlenhydrate werden vom Körper nicht verwertet. Achtung: Bei Sojasauce können bis zu 50 Prozent und mehr Getreideanteile zugesetzt sein. Grundsätzlich glutenfrei ist Tamari-Sojasauce.

# BLITZ-TOMATENSUPPE
## *MIT BASILIKUM*

**Drei Zutaten, frische Kräuter dazu … und schon hat man eine fruchtig-aromatische Suppe, die eingekocht auch als Veggie-Sauce oder Basis für eine schnelle Bolognese taugt. Einfach buonissimo!**

15 MIN.

VEGETARISCH, VEGAN, GLUTENFREI

FÜR 2 PERSONEN

2 Schalotten
2 Knoblauchzehen
2 Stängel Basilikum
1 TL Olivenöl
1 TL Erythrit, Salz
1 Dose stückige Tomaten (400 g)
Pfeffer aus der Mühle

Pro Portion: ca. 55 kcal, 2 g EW, 3 g F, 4 g KH

1. Die Schalotten und den Knoblauch schälen und in grobe Würfel schneiden. Das Basilikum waschen und trocken tupfen, die Blätter abzupfen und grob hacken.

2. Das Olivenöl in einem Topf erhitzen und die Schalotten- und Knoblauchwürfel darin andünsten. Mit Erythrit und etwas Salz würzen und noch etwa 3 Minuten dünsten.

3. Dann die Tomatenstücke samt Saft dazugeben, die Tomatendose zur Hälfte mit Wasser (ca. 200 ml) auffüllen und dieses zur Suppe gießen. Alles mit geschlossenem Deckel bei mittlerer Hitze noch etwa 5 Minuten garen.

4. Die Suppe vom Herd nehmen und im Topf oder in einem hohen Rührbecher mit dem Stabmixer fein pürieren. Mit Pfeffer würzen und das Basilikum unterrühren. Sofort servieren.

### ITALO-STYLING

Für den typisch italienischen Geschmack und die Italo-Optik kann man nicht nur frisches Basilikum dazugeben, sondern die Suppe zusätzlich noch mit 1 Klecks Sauerrahm garnieren.

# PARMESANWAFFELN
## MIT KRÄUTERN

**Sie lieben wie ich belgische Waffeln? Dann sollten Sie unbedingt diese pikante Variante mit Quark, Parmesan und Basilikum probieren. Perfekt dazu: ein Dip, gebratenes Gemüse oder Räucherlachs.**

15 MIN.

**VEGETARISCH, GLUTENFREI**

**FÜR 6 WAFFELN**

1 Ei (Größe L)
50 ml Milch (1,5 % Fett)
75 g Rahmtopfen oder Quark (40 % Fett)
25 g entöltes Goldleinmehl
30 g geriebener Parmesan oder anderer Hartkäse
2 EL gehacktes Basilikum
½ TL glutenfreies Backpulver
Salz
Öl für das Waffeleisen

Pro Stück: ca. 90 kcal, 6 g EW, 7 g F, 1 g KH

**1.** Das Ei mit der Milch in einer Rührschüssel verquirlen und den Topfen oder Quark mit einem Schneebesen unterrühren. Goldleinmehl, Käse, Basilikum, Backpulver und 1 Prise Salz hinzufügen und gründlich untermischen. Nach Belieben und Konsistenz des Teigs noch 1 EL Milch unterrühren.

**2.** Inzwischen das Waffeleisen aufheizen. Die Backflächen mit etwas Öl einfetten, eine kleine Menge Teig hineingeben und die Waffel ca. 1 Minute goldbraun backen. Herausnehmen und auf einem Kuchengitter ausdampfen lassen.

**3.** Die übrigen 5 Waffeln genauso backen, bis der gesamte Teig aufgebraucht ist, und sofort servieren. Sie können die Waffeln aber auch am nächsten Tag im Toaster oder Backofen knusprig aufbacken. Zu den Waffeln nach Belieben einen schnellen Dip aus Joghurt, Kräutern, Salz und Pfeffer servieren.

### GESUNDES FETT

*Goldleinmehl entsteht bei der schonenden Kaltpressung von Goldleinsaat und besteht bis zu 14 Prozent aus Leinöl! Das ist bekanntlich supergesund, weil es eine hohe Dosis an Omega-3-Fettsäuren und fast 30 Prozent Eiweiß enthält. Und gleichzeitig sagenhaft wenig Kohlenhydrate, nämlich nur 6 g pro 100 g. Sein milder Geschmack macht es zum idealen Basismehl für Brote und Brötchen.*

# GEBRATENER CHICORÉE
## *MIT MANGO*

**Überraschung! Denn hier wird der Salat in der Pfanne gebraten! Die süße Mango und die frischen Granatapfelkerne harmonieren hervorragend mit dem leicht bitteren Geschmack des Chicorées.**

15 MIN.

GLUTENFREI

FÜR 2 PERSONEN

2 Chicoréestauden
1 TL Butter
1 TL Olivenöl und 2 TL zum Servieren
4 dünne Scheiben Bacon (Frühstücksspeck) oder roher Schinken
1 reife Mango
2 EL Granatapfelkerne
Salz, Pfeffer aus der Mühle
2 TL Aceto balsamico bianco

Pro Portion: ca. 265 kcal, 5 g EW, 12 g F, 30 g KH

1. Die Chicoréestauden längs halbieren und den harten Strunk entfernen, dann die Hälften waschen und trocken tupfen. In einer großen Pfanne die Butter und 1 TL Olivenöl erhitzen und den Chicorée darin auf jeder Seite knusprig braten. Dabei den Speck oder Schinken mit in die Pfanne geben und kross braten.

2. Währenddessen die Mango schälen, das Fruchtfleisch zuerst auf den flachen Seiten vom Stein und anschließend in kleine Würfel schneiden. Dabei den Saft unbedingt auffangen! Mangowürfel und Granatapfelkerne mischen.

3. Den Speck oder Schinken aus der Pfanne nehmen und auf Küchenpapier abtropfen lassen. Den Chicorée mit Salz und Pfeffer würzen, auf Tellern anrichten und mit Mangosaft, etwas Olivenöl und Essig beträufeln. Speck oder Schinken, Granatapfelkerne und Mango darauf verteilen. Der gebratene Chicorée eignet sich übrigens auch als Beilage zu Steak, Hähnchen oder Fisch.

### LEICHTES KÄSE-TOPPING

Nach dem Wenden in der Pfanne können Sie den Chicorée noch mit jeweils 1 TL Parmesan bestreuen und den Käse kurz schmelzen lassen. Zur Parmesan-Variante passen statt Schinken dann Hähnchen- oder Putenstreifen – diese einfach in der Pfanne mitbraten!

# HEIDI-SALAT
## *MIT ZIEGENKÄSE*

**Eine urige Alm, saftige Kräuterwiesen, Sonnenschein, die Berge als Kulisse – wer erinnert sich dabei nicht an Heidi? Ihr zu Ehren kommt dieser Almsalat mit würzigem Ziegenkäse daher.**

15 MIN.

VEGETARISCH, GLUTENFREI

FÜR 2 PERSONEN

1 großes Bund Radieschen
Salz
50 g Heidelbeeren
200 g gemischte Wildkräuter (z. B. Löwenzahn, Brennnessel, Sauerampfer)
einige essbare Blüten (z. B. Gänseblümchen, Bärlauchblüten, Kapuzinerkresse)
1 EL Himbeeressig
2 EL Olivenöl
Pfeffer aus der Mühle
100 g Ziegenfrischkäse

Pro Portion: ca. 265 kcal, 10 g EW, 17 g F, 14 g KH

1. Die Radieschen putzen, waschen und in dünne Scheiben schneiden. In einer Schüssel mit 2 TL Salz bestreuen und kurz ziehen lassen. Inzwischen die Heidelbeeren verlesen, waschen und trocken tupfen.

2. Die Wildkräuter und Blüten verlesen, waschen und trocken schleudern. Den Essig und 1 EL Olivenöl in einer Salatschüssel verrühren und mit Salz und Pfeffer würzen. Die Vinaigrette nach Belieben mit 1 TL Birkenzucker verfeinern.

3. Die Radieschen trocken tupfen. Die Wildkräuter mit der Vinaigrette mischen. Den Salat auf Tellern anrichten, die Radieschen und die Heidelbeeren darauf verteilen, mit den Blüten garnieren.

4. Jeweils die Hälfte des Ziegenkäses in die Mitte setzen, mit dem übrigen Olivenöl beträufeln, mit Salz und Pfeffer würzen.

### WILDE VARIANTEN

Statt Ziegenfrischkäse passen auch Bergkäsewürfel sehr gut! Falls Sie keine Wildkräuter bekommen, können Sie auch Friséesalat, Feldsalat oder einen Lieblingssalat nach Wunsch nehmen. Und ein echter Augenschmaus wird der Salat, wenn Sie ihn statt mit Radieschen mit 200 g Ringelbeten (Tonda di Chioggia) zubereiten.

MIT GRÜSSEN VOM ZIEGEN-PETER

# RADICCHIOSALAT
## *MIT GORGONZOLA*

**Sauer macht lustig – und bitter macht satt! Die Bitterstoffe im Radicchio sind nicht nur supergesund, sie harmonieren auch perfekt mit der Süße der Birnen und dem würzigen Käsedressing!**

15 MIN.

VEGETARISCH, GLUTENFREI

FÜR 2 PERSONEN

2 EL Walnusskerne
50 g Gorgonzola (mild oder würzig, je nach Geschmack)
1 TL Olivenöl
50 ml Orangensaft
Salz, Pfeffer aus der Mühle
1 Radicchio
2 Birnen

Pro Portion: ca. 295 kcal, 8 g EW, 18 g F, 23 g KH

**1.** Die Walnusskerne in einer Pfanne ohne Fett anrösten, herausnehmen und abkühlen lassen.

**2.** Inzwischen für das Dressing den Gorgonzola in einen hohen Rührbecher bröseln. Olivenöl und Orangensaft hinzufügen und alles mit dem Stabmixer fein pürieren. Das Dressing mit Salz und Pfeffer würzen und beiseitestellen.

**3.** Den Radicchio putzen, waschen und trocken schleudern, die Blätter in mundgerechte Stücke zupfen. Die Birnen waschen und achteln, dabei jeweils das Kerngehäuse entfernen.

**4.** Den Radicchio und die Birnen auf Tellern anrichten und das Dressing darauf verteilen. Zum Schluss die gerösteten Walnusskerne darüberstreuen.

### DER ECHTE ITALIENER

Falls Sie auf dem Markt die Sorte Radicchio Trevisano bekommen, sollten Sie unbedingt zugreifen! Die länglichen, mangoldähnlichen Blätter sind zarter als die des herkömmlichen Radicchios. Alternativ eignet sich auch Chicorée sehr gut.

# ERBSENSUPPE
## *MIT GEBRATENEN GAMBAS*

**Es grünt so grün: Hier kommt eine der einfachsten und schnellsten unter meinen Lieblingssuppen. Und mit gebratenen Gambas wird aus dem einfachen Blitzgericht im Nu ein echtes Highlight!**

20 MIN.

**GLUTENFREI**

**FÜR 2 PERSONEN**

1 Schalotte
2 Knoblauchzehen
1 TL Butter
150 ml glutenfreie Gemüsebrühe
200 g TK-Erbsen
100 g Sahne
1–2 EL gehackte Petersilie (frisch oder TK)
Salz, Pfeffer aus der Mühle
frisch geriebene Muskatnuss
4 geschälte Gambas
1 TL Öl

Pro Portion: ca. 330 kcal, 21 g EW, 19 g F, 16 g KH

1. Die Schalotte und den Knoblauch schälen und in feine Würfel schneiden. Die Butter in einem Topf erhitzen, Schalotte und Knoblauch darin andünsten. Die Brühe dazugießen, die tiefgekühlten Erbsen hinzufügen und alles etwa 6 Minuten garen.

2. Dann die Sahne und die Petersilie dazugeben, alles einmal aufkochen und vom Herd nehmen. Die Suppe im Topf oder in einem hohen Rührbecher mit dem Stabmixer fein pürieren. Mit Salz, Pfeffer und Muskatnuss würzen, dann warm halten.

3. Während die Erbsen garen, die Gambas waschen, trocken tupfen, längs durchschneiden und den Darm entfernen. Das Öl in einer Pfanne erhitzen und die Gambas darin rundum knusprig braten, zuletzt mit Salz würzen.

4. Die Erbsensuppe auf tiefe Teller oder Suppenschalen verteilen und die Gambas darauf anrichten. Nach Belieben mit gehackter Petersilie bestreuen.

### AROMA-KARUSSELL

Für mehr Geschmack können Sie zu den Gambas zusätzlich noch 1 geschälte und fein gewürfelte Knoblauchzehe sowie 1 Rosmarinzweig mit in die Pfanne geben. Statt Petersilie eignen sich genauso Minze oder Bärlauch – bei Letzterem je nach Intensität keinen zusätzlichen Knoblauch mehr in die Suppe geben.

# AVOCADO MIT EI
## *AUS DEM OFEN*

**Zwei Zutaten, ein Traum! Gesund, schnell, bunt – und immer offen für leckere Begleiter: egal ob Tomaten, Schinken, frische Kräuter oder knusprig gebratene Garnelen (siehe Tipp).**

20 MIN.

VEGETARISCH, GLUTENFREI

FÜR 2 PERSONEN

1 Avocado
2 Eier
Salz, Pfeffer aus der Mühle

Pro Portion: ca. 220 kcal, 9 g EW, 18 g F, 4 g KH

1. Den Backofen auf 220 °C (Ober- und Unterhitze) vorheizen. Die Avocado halbieren und den Stein entfernen. Die Mulden im Avocadofruchtfleisch mit einem Teelöffel noch etwas vergrößern (das herausgelöste Fruchtfleisch anderweitig verwenden).

2. Die Avocadohälften nebeneinander in eine ofenfeste Form setzen. 1 Ei in jede Mulde geben und alles im Ofen auf der mittleren Schiene – je nach Eigröße – 10 bis 15 Minuten garen, bis die Eier gestockt sind.

3. Die Avocadohälften aus dem Ofen nehmen, auf Teller setzen und mit Salz und Pfeffer würzen. Sofort servieren.

### ABWECHSLUNG GEFÄLLIG?

Das Rezept lässt sich nach Lust und Laune abwandeln bzw. aufpeppen: Vor dem Backen können Sie zum Beispiel noch geriebenen Käse über das Ei oder gekochten Schinken unter das Ei geben. Nach dem Backen kann man klein gewürfelte Tomaten, geröstete Bacon-Würfel oder frische Kräuter (wie Basilikum) und 1 Klecks Schmand darübergeben. Auch perfekt zur Avocado: in wenig Kokosöl knusprig gebratene Garnelen und frischer Dill.

# FELDSALAT
## MIT HÄHNCHENLEBER

**Sobald es um Innereien geht, sind viele skeptisch. Ich liebe Leber, vor allem, wenn sie innen zart und außen schön knusprig ist. Mit Sherryessig, Mandeln und Feldsalat schmeckt sie einfach perfekt!**

20 MIN.

GLUTENFREI

FÜR 2 PERSONEN

2 EL Mandelblättchen
150 g Feldsalat
2 EL Sherryessig
2 EL Olivenöl
Salz, Pfeffer aus der Mühle
300 g Hähnchenleber
1 TL Butter

Pro Portion: ca. 415 kcal, 41 g EW, 26 g F, 3 g KH

1. Die Mandelblättchen in einer Pfanne ohne Fett anrösten, herausnehmen und abkühlen lassen. Inzwischen den Feldsalat verlesen, waschen und trocken schleudern.

2. Für die Vinaigrette den Essig mit 1 ½ EL Olivenöl in einer Salatschüssel gründlich verrühren, mit Salz und Pfeffer würzen.

3. Die Leber gegebenenfalls säubern, waschen und trocken tupfen. Dann in mundgerechte Stücke schneiden.

4. Das restliche Olivenöl und die Butter in einer Pfanne erhitzen und die Leberstücke darin etwa 5 Minuten rundum braten (Vorsicht, es kann spritzen!). Die Leber mit Salz und Pfeffer würzen.

5. Den Feldsalat mit der Vinaigrette mischen und auf Teller verteilen. Die Leberstücke darauf anrichten und mit den Mandelblättchen bestreuen.

### EXPERIMENTIEREN ERWÜNSCHT!

*Probieren Sie auch mal Kaninchen- oder Entenleber! Und beim Rühren der Vinaigrette können Sie der Fantasie freien Lauf lassen: mit Orangensaft, etwas Senf, frischen Beeren – seien Sie kreativ!*

EDLER
LC-SALAT
FÜR GÄSTE

# ASIA-RINDFLEISCHSALAT
## *MIT PAPAYA*

**Ich liebe die asiatische Küche! Für diesen fruchtigen Salat können Sie Rinderfilet, Roastbeef oder eine Steakhüfte nehmen. Mein Tipp: Probieren Sie mal ein Flanksteak, auch Bavette genannt.**

20 MIN.

GLUTENFREI

FÜR 2 PERSONEN

1 grüne Papaya
2 Möhren
2 Knoblauchzehen
½ rote Chilischote
½ Bund Koriandergrün
1 EL Birkenzucker
1 EL glutenfreie Sojasauce
2 TL glutenfreie Fischsauce
1 EL Erdnussöl
1 TL frisch geriebener Ingwer
1 TL Limettensaft
1 EL Erdnusskerne
300 g Rindfleisch
Kokosöl oder Erdnussöl zum Anbraten
Salz, Pfeffer aus der Mühle

Pro Portion: ca. 405 kcal, 36 g EW, 17 g F, 24 g KH, 5 g Birkenzucker

**1.** Die Papaya längs halbieren und die Kerne mit einem Teelöffel entfernen, das Fruchtfleisch schälen und in möglichst feine Streifen schneiden. Die Möhren putzen, schälen und in sehr feine Streifen schneiden. Den Knoblauch schälen und in feine Würfel schneiden. Die Chili längs halbieren, entkernen, waschen und fein hacken. Den Koriander waschen, trocken tupfen und die Blätter abzupfen, einige Blättchen zum Garnieren beiseitelegen.

**2.** Birkenzucker, Knoblauch, Chili, Sojasauce, Fischsauce, Erdnussöl, Ingwer, Koriander und Limettensaft in einer Salatschüssel gründlich verrühren. Die Papaya- und Möhrenstreifen zum Dressing geben und alles – am besten mit der Hand – sehr gut durchkneten. Kurz ziehen lassen. Inzwischen die Erdnusskerne in einer Pfanne ohne Fett leicht anrösten, herausnehmen und grob hacken.

**3.** Das Fleisch in fingerdicke Scheiben schneiden (das Flanksteak bleibt am Stück) und in einer Pfanne in etwas Öl rundum scharf anbraten – je nach Größe dauert das etwa 5 Minuten. Herausnehmen und kurz ruhen lassen, dann in dünne Streifen schneiden und mit Salz und Pfeffer würzen. (Alternativ das Flanksteak scharf anbraten, danach 10 Minuten in Alufolie ruhen lassen und in dünne Streifen schneiden.)

**4.** Den Salat anrichten und das Fleisch darauf verteilen. Mit den Erdnüssen und dem beiseitegestellten Koriander bestreuen.

### DER PURE GENUSS

*Ich weiß, viele marinieren das Fleisch vorher – ich genieße es am liebsten pur, denn der Papayasalat ist würzig genug!*

# SPICY KÜRBISCHIPS
## *MIT QUARKDIP*

**Knusprige Kürbischips, würzig mariniert: Dafür lasse ich jede Tüte Pommes gerne links liegen! Mit Dip sind die Chips der perfekte Snack – pur sind sie eine köstliche Beilage zu gebratenem Fleisch.**

**25 MIN.**

**VEGETARISCH, GLUTENFREI**

**FÜR 2 PERSONEN**

1 kleiner Kürbis (Hokkaido oder Butternuss)
1 ½ EL Olivenöl
1 TL Chilipulver
Salz, Pfeffer aus der Mühle
1 Bund Schnittlauch
250 g Quark (20 % Fett)

Pro Portion: ca. 265 kcal, 17 g EW, 13 g F, 16 g KH

**1.** Den Backofen auf 180 °C (Umluft) vorheizen. Ein Backblech mit Backpapier belegen.

**2.** Den Kürbis waschen (Hokkaido) bzw. schälen (Butternuss) und in feine Spalten schneiden, die Kerne und Fasern entfernen. Die Kürbisstücke in einen Gefrierbeutel geben, 1 EL Olivenöl, Chilipulver, Salz und Pfeffer dazugeben und alles im verschlossenen Beutel gut mischen (siehe S. 8). Die gewürzten Kürbisspalten auf dem Blech verteilen und im Ofen auf der mittleren Schiene etwa 15 Minuten garen.

**3.** Inzwischen für den Dip den Schnittlauch waschen, trocken tupfen und in feine Röllchen schneiden. Den Quark mit dem Schnittlauch und dem restlichen Olivenöl gründlich verrühren und mit Salz und Pfeffer würzen.

**4.** Die Kürbisspalten aus dem Ofen nehmen und auf Teller verteilen. Mit dem Quarkdip servieren.

### DIP, DIP, HURRA!

Wenn Sie es besonders eilig haben, können Sie auch einen schnellen Sauerrahmdip zubreiten: einfach 1 Becher saure Sahne (200 g) mit etwas Salz und Pfeffer verrühren! Statt Schnittlauch nach Belieben 1 EL gemischte Kräuter (eventuell auch tiefgekühlte) verwenden.

SUPER FÜR PARTY ODER BÜFETT!

Rrring

# HAUPT-GERICHTE

Der Genuss groß, der Aufwand klein – so stelle ich mir entspanntes Kochen vor! Greifen Sie mit mir in die Turbo-Trickkiste, um Plattes Huhn, im Ofen gegarten Fisch, Old McDonald's Entenbrust oder eine trendige Buddha Bowl ratzfatz auf den Tisch zu bringen. Lecker geht auch schnell! Lassen Sie sich überraschen …

# BUDDHA BOWL
## *MIT EI*

**Wussten Sie, dass die Buddha Bowl angeblich so heißt, weil sie so rund ist wie Buddhas Bauch? Eine schöne Idee, oder? Steht der Buddha doch für Ruhe und Ausgeglichenheit – ideal für Eilige …**

15 MIN.

**VEGETARISCH, GLUTENFREI**

**FÜR 2 PERSONEN**

2 Eier
200 g Brokkoli, Salz
4–6 Radieschen
100 g Tomaten
100 g Möhre
1 Salatgurke
100 g Babyspinat
1 Handvoll Rote-Bete-Sprossen
1 Kästchen Brunnenkresse
½ TL helle Sesamsamen
2 EL Limettensaft
2 EL Olivenöl
Pfeffer aus der Mühle
1 Avocado
100 g Rotkohl (fein gehobelt)

Pro Portion: ca. 440 kcal, 18 g EW, 30 g F, 19 g KH

**1.** Für die Bowl die Eier in kochendem Wasser 7 Minuten wachsweich garen. Dann kalt abschrecken, pellen und halbieren.

**2.** In der Zwischenzeit den Brokkoli in Röschen teilen und in kochendem Salzwasser bissfest garen. Radieschen, Tomaten, Möhre und Gurke putzen, waschen bzw. schälen und in dünne Scheiben schneiden. Den Spinat verlesen, waschen und trocken tupfen. Sprossen und Brunnenkresse waschen und trocken tupfen. Den Sesam in einer Pfanne ohne Fett leicht rösten, herausnehmen und abkühlen lassen.

**3.** Für das Dressing Limettensaft und Olivenöl in einer kleinen Schüssel gründlich verrühren, mit Salz und Pfeffer würzen.

**4.** Die Avocado halbieren und den Stein entfernen. Die Avocadohälften schälen und das Fruchtfleisch in Spalten schneiden. Das vorbereitete Gemüse und den Rotkohl auf zwei Schalen verteilen und die Avocadospalten sternförmig daraufsetzen. Sprossen, Brunnenkresse und Eier in die Schale geben, alles mit Salz und Pfeffer würzen und das Dressing darübergeben. Die Bowl zum Servieren mit dem gerösteten Sesam bestreuen.

### BUNTES SCHÜSSEL-MIXING

*Bowls sind die perfekten Resteverwerter, denn sie lassen sich mit allem füllen, was man gerade im Haus hat – Hauptsache, bunt und gesund! Statt Ei eignet sich als Eiweißquelle Tofu, Hähnchen, Fisch oder kalter Braten. Und frische Beeren als Topping sind ein tolles fruchtiges Extra!*

# BLUMISOTTO
## *MIT SPARGEL UND PILZEN*

**Noch ein Wohlfühlgericht: Risotto low carb – oder Blumisotto, denn der Blumenkohl ersetzt hier den Reis. Knackig gebratener Spargel, Pilze und Parmesan sorgen für die perfekte Begleitung.**

15 MIN.

**VEGETARISCH, GLUTENFREI**

**FÜR 2 PERSONEN**

2 Schalotten
2 Knoblauchzehen
200 g grüner Spargel
250 g Egerlinge
(ersatzweise andere Pilze)
1 EL Olivenöl
500 g Blumenkohl
Salz, Pfeffer aus der Mühle
1 TL glutenfreie Gemüsebrühe oder Würzmischung
(z. B. Currypulver)
40 g geriebener Parmesan
2 EL Crème fraîche

Pro Portion: ca. 285 kcal, 20 g EW, 16 g F, 10 g KH

1. Schalotten und Knoblauch schälen, die Schalotten in feine Würfel schneiden, den Knoblauch reiben. Den Spargel waschen, im unteren Drittel schälen und die holzigen Enden entfernen, dann die Stangen in Stücke schneiden.

2. Die Pilze putzen, falls nötig, trocken abreiben und in kleine Stücke schneiden. Schalotten, Knoblauch, Spargel und Pilze in einer Pfanne im Olivenöl etwa 5 Minuten braten.

3. Währenddessen den Blumenkohl putzen, waschen und auf einer Gemüsereibe grob raspeln. Zum Gemüse in die Pfanne geben und alles mit Salz, Pfeffer und Brühe oder Würzmischung würzen. 2 EL Wasser dazugießen und alles noch etwa 3 Minuten köcheln lassen, dann Parmesan und Crème fraîche unterheben.

4. Das Blumisotto auf Teller verteilen und nach Belieben mit frischen Kräutern anrichten oder Pfeffer grob darübermahlen.

### WAS PASST NOCH DAZU?

Das Blumisotto schmeckt auch toll mit Hähnchenstreifen, Erbsen, Spinat oder Mangold – oder nur mit Waldpilzen. Anstelle von Crème fraîche können Sie auch Frischkäse unter das Blumisotto rühren. Und noch ein Tipp: Achten Sie auf die Zutatenliste, ob es sich bei der Brühe oder Würzmischung um ein glutenfreies Produkt handelt!

EINFACH
BLUMENKOHL
STATT REIS

# SOMMERROLLEN
## *MIT WÜRZIGEM DIP*

**Die kühle Schwester der Frühlingsrolle ist mein Favorit: weil sie superschnell gemacht ist, mit allem gefüllt werden kann, was man mag und zu Hause hat, und einfach unwiderstehlich gut schmeckt!**

20 MIN.

**GLUTENFREI**

**FÜR 2 PERSONEN**

1 Bund Frühlingszwiebeln
2 kleine Fenchel, 1 Möhre
30 g Champignons und Austernpilze
1 Handvoll Garnelen (geschält und gegart; ersatzweise 50 g gegartes Hähnchenfleisch)
1 TL geriebener Ingwer
1 EL gehacktes Koriandergrün
8 Blätter Reispapier (Asialaden)
1 kleine scharfe Chilischote
1 Knoblauchzehe
2 EL glutenfreie Fischsauce
1 EL glutenfreie Sojasauce
1 TL Erdnussöl
1–2 TL Limettensaft

Pro Portion: ca. 175 kcal, 11 g EW, 3 g F, 20 g KH

1. Die Frühlingszwiebeln putzen und waschen, für den Dip 1 Frühlingszwiebel beiseitelegen. Die übrigen Frühlingszwiebeln erst in etwa 5 cm lange Stücke, dann längs in feine Streifen schneiden. Die Fenchelknollen putzen, waschen und ebenfalls in feine Streifen schneiden. Die Möhre putzen, schälen und in feine Streifen schneiden oder grob raspeln. Die Pilze putzen und, falls nötig, trocken abreiben. Das Gemüse mit Garnelen, Ingwer und Koriander in einer Schüssel mischen.

2. Einen tiefen Teller mit Wasser füllen. Die Reispapierblätter nacheinander 30 Sekunden in das Wasser legen und einweichen lassen, dann herausnehmen und auf ein sauberes Küchentuch legen. Jeweils etwas Füllung auf dem Reispapier verteilen, dabei die Ränder etwa 2 cm breit frei lassen. Das Papier seitlich über die Füllung klappen, dann die Seiten nach innen schlagen und aufrollen. Die übrigen Reispapierblätter auf dieselbe Weise füllen.

3. Für den Dip die Chili längs halbieren, entkernen, waschen und fein hacken. Den Knoblauch schälen und fein hacken oder reiben, die beiseitegelegte Frühlingszwiebel in dünne Ringe schneiden. Chili, Knoblauch und Frühlingszwiebel mit Fischsauce, Sojasauce und Erdnussöl mischen. Den Dip mit Limettensaft abschmecken und zu den Sommerrollen servieren.

### GUT GEWICKELT

Wenn die eingeweichten Reispapierblätter anfangen, leicht am Küchentuch zu kleben, ist das DER ideale Zeitpunkt, um mit dem Füllen zu beginnen – jetzt kleben die Ränder gut fest und die Rolle wird perfekt!

# GEMÜSE-PIZZETTE
## *MIT MOZZARELLA*

**Pizza schmeckt nach Urlaub und ist echtes Soulfood, das sich aber leider auch auf den Hüften sehr wohlfühlt. Keine Gefahr lauert bei meinen Minis – sie bringen sogar eine Extraportion Gemüse mit.**

**20 MIN.**

**GLUTENFREI**

**FÜR 2 PERSONEN**

1 Aubergine
1 gelbe Zucchini
1 grüne Zucchini, Salz
Belag nach Belieben
(z. B. Schinken, Salami, Thunfisch, Oliven, Krabben, Tintenfisch, Tomaten)
1 Dose Pizzatomaten mit Basilikum (400 g)
100 g Mozzarella

Pro Portion: ca. 320 kcal, 28 g EW, 14 g F, 15 g KH

**1.** Den Backofen auf 230 °C (Ober- und Unterhitze) oder auf Pizzastufe vorheizen. Ein Backblech mit Backpapier belegen (oder ein Pizzablech mit Löchern verwenden).

**2.** Das Gemüse putzen, waschen und in etwa 7 mm dicke Scheiben schneiden. Mit Salz bestreuen und kurz stehen lassen. Den Belag nach Belieben – hier wurden 2 Tomaten und 6 Scheiben gekochter Schinken verwendet – klein schneiden.

**3.** Die Gemüsescheiben mit Küchenpapier trocken tupfen und nebeneinander als Mini-Pizzen auf das Blech setzen. Zuerst die Pizzatomaten, dann den Belag auf den Pizzen verteilen.

**4.** Den Mozzarella in Scheiben schneiden und die Pizzette damit belegen. Die Pizzette im Ofen auf der mittleren Schiene etwa 10 Minuten garen. Herausnehmen und sofort servieren.

### SUGO FATTO A CASA

Wer Zeit hat für eine selbst gemachte Tomatensauce: Je 2 Schalotten und Knoblauchzehen schälen, in feine Würfel schneiden und in einem Topf in 1 TL Öl andünsten. Dann 3 EL Tomatenmark dazugeben, 2 EL Wasser dazugießen, alles mit Salz und Pfeffer würzen und noch kurz garen. Zuletzt 1 Bund gehacktes Basilikum unterrühren.

# KNUSPRIGER LACHS
## *AUF GEMÜSESPAGHETTI*

**Jede Menge Vitamine, Ballaststoffe, Proteine und Omega-3-Fettsäuren: Hier kommt eine große Portion Gesundheit auf den Teller! Ein buntes Gute-Laune-Gericht, bei dem auch das Auge mitisst.**

20 MIN.

**GLUTENFREI**

**FÜR 2 PERSONEN**

2 Lachsfilets (à ca. 150 g)
1 EL Olivenöl
1–2 TL Limettensaft
Salz, Pfeffer aus der Mühle
2 Möhren, 2 Zucchini
2 kleine Rote Beten (gegart und vakuumiert)
1 Ei
2 EL helle Sesamsamen
2 EL ganzer Schwarzkümmel
2 TL Öl, 1 TL Butter

Pro Portion: ca. 465 kcal, 44 g EW, 21 g F, 20 g KH

1. Den Fisch waschen, trocken tupfen und Raumtemperatur annehmen lassen. Inzwischen für die Marinade das Olivenöl mit dem Limettensaft verquirlen und mit Salz und Pfeffer würzen.

2. Die Möhren putzen und schälen, die Zucchini putzen und waschen. Möhren, Zucchini und Rote Beten mit einem Spiralschneider in dünne Gemüsespaghetti schneiden. Dann in einer großen Schüssel mit der Marinade mischen.

3. Das Ei in einem tiefen Teller verquirlen und mit Salz und Pfeffer würzen. Sesamsamen und Schwarzkümmel ebenfalls in einem tiefen Teller mischen. Die Lachsfilets in mundgerechte Stücke schneiden und zuerst im verquirlten Ei wenden. Dann in Sesam und Schwarzkümmel panieren und die Körner gut andrücken.

4. In einer Pfanne das Öl und die Butter erhitzen und die Lachsstücke darin rundum etwa 6 Minuten knusprig braten. Herausnehmen und auf Küchenpapier abtropfen lassen. Die Gemüsespaghetti auf Teller verteilen und den Lachs darauf anrichten.

### LOW-CARB-PASTA

*Mit einem Sparschäler oder Spiralschneider können Sie feste Gemüsesorten im Handumdrehen in kohlenhydratarme „Nudeln“ verwandeln. Dazu eignen sich zum Beispiel Möhren, Zucchini oder Rote Beten, aber ebenso Kohlrabi, Kürbis, Pastinaken, Petersilienwurzeln oder Rüben (wie Teltower Rübchen).*

BUNTE PASTA
AUS BUNTEM
GEMÜSE

# PILZ-FRITTATA
## *MIT HÄHNCHEN*

**Eine Frittata ist oft mein Lebensretter, wenn es schnell gehen soll und ich etwas Warmes möchte. Die perfekte Resteverwertung ist sie außerdem – immer anders, immer lecker!**

20 MIN.

**GLUTENFREI**

**FÜR 2 PERSONEN**

100 g TK-Erbsen
100 g Pilze
(z. B. Kräuterseitlinge oder Champignons)
2 Möhren
200 g gegartes Hähnchenbrustfilet
(ersatzweise kalter Braten oder Schinken)
2 TL Öl
2 TL Butter
4 Eier
2 EL Sahne
Salz, Pfeffer aus der Mühle

Pro Portion: ca. 475 kcal, 44 g EW, 25 g F, 15 g KH

**1.** Den Backofen auf 200 °C (Umluft) vorheizen. Die Erbsen antauen lassen. Inzwischen die Pilze putzen und, falls nötig, trocken abreiben, dann in Scheiben schneiden. Die Möhren putzen, schälen und in dünne Scheiben schneiden. Das gegarte Hähnchenfleisch in dünne Streifen schneiden.

**2.** Das Öl in einer ofenfesten Pfanne erhitzen und die Pilze darin rundum andünsten, herausnehmen und beiseitestellen. Dann die Butter in der Pfanne erhitzen, die Möhren und Erbsen darin andünsten. Das Fleisch dazugeben und kurz mitdünsten.

**3.** Die Eier mit der Sahne verquirlen und mit Salz und Pfeffer würzen. Die Pilze auf das Gemüse und das Fleisch legen und alles mit der Eiersahne übergießen.

**4.** Die Frittata im Ofen auf der mittleren Schiene etwa 8 Minuten garen, bis das Ei gestockt und die Frittata leicht gebräunt ist. Aus dem Ofen nehmen und vor dem Servieren kurz abkühlen lassen, nach Belieben mit Petersilie garnieren.

### GRÜNER GENUSS

Wer es vegetarisch mag, kann die Frittata natürlich auch ohne Fleisch zubereiten. Eine deftige Kruste bekommt der schnelle Ofenhit, wenn Sie die Frittata noch mit 50 g geriebenem Hartkäse bestreuen, bevor sie in den Ofen kommt.

# SAIBLING AUF GEMÜSE
## AUS DEM PERGAMENT

**Kleine Päckchen, die beim Öffnen wunderbaren Duft verströmen, und das mit minimalem Aufwand und einem tollen Ergebnis: gesundes Fett, jede Menge Eiweiß und schonend gegartes Gemüse.**

25 MIN.

**GLUTENFREI**

**FÜR 2 PERSONEN**

1 Stängel Zitronengras
2 kleine Pak Choi
1 gelbe Zucchini
1 Möhre
6 Cocktailtomaten
2 Saiblingsfilets
(à ca. 180 g)
Salz, Pfeffer aus der Mühle
½ Bund gehacktes
Koriandergrün
4 Bio-Limettenscheiben
2 TL Olivenöl

Pro Portion: ca. 290 kcal, 38 g EW, 10 g F, 8 g KH

**1.** Den Backofen auf 180 °C (Umluft) vorheizen. Zwei Bögen Pergamentpapier auf einem Backblech bereitlegen.

**2.** Vom Zitronengras die welken Außenblätter und die obere, trockene Hälfte entfernen, die untere Hälfte längs halbieren und mehrmals mit einem Messerrücken andrücken – so kann später im Backofen das ganze Aroma austreten. Den Pak Choi putzen, waschen und vierteln. Die Zucchini putzen, waschen und in feine Scheiben schneiden. Die Möhre putzen, schälen und in feine Streifen schneiden. Die Tomaten waschen.

**3.** Die Fischfilets von eventuellen Gräten befreien, waschen und trocken tupfen. Die Filets mit Salz und Pfeffer würzen und jeweils auf einen Bogen Pergamentpapier setzen. Das Gemüse darüber verteilen, je ¼ Bund Koriander, 2 Limettenscheiben und ½ Zitronengrasstängel daraufgeben. Alles mit Olivenöl beträufeln und je 1 EL Wasser darübergießen.

**4.** Die Pergamentpäckchen gut verschließen (sie sollen ganz dicht sein) und den Fisch im Ofen auf der mittleren Schiene etwa 15 Minuten garen. Herausnehmen und auf Teller setzen. Zum Servieren die Päckchen öffnen (Vorsicht, heißer Dampf entweicht!).

### TAUSCHEN ERLAUBT

Das Rezept funktioniert auch wunderbar mit Lachs, Forelle, Kabeljau oder Zander. Und statt Pak Choi kann man ebenso Mangold oder Spinat nehmen. Wer keinen Koriander mag, der nimmt ein Kraut seiner Wahl: Petersilie, Bärlauch, Kräuter der Provence, Thymian …

SANFT UND AROMA-SCHONEND GEGART

# SKINNY BURGER
## *MIT PINKEM COLESLAW*

**Ein schlanker Burger, ohne Brötchen, dafür aber mit ganz viel Geschmack – das geht nicht? Von wegen! Hier sorgt zusätzlich noch pinkfarbener Krautsalat für den besonderen Wow-Effekt!**

**25** *MIN.*

**GLUTENFREI**

**FÜR 2 PERSONEN**

400 g Weißkohl
Salz, Pfeffer aus der Mühle
2 EL Rote-Bete-Saft
2 EL Essig
1 TL rosa Pfefferbeeren
250 g gemischtes Hackfleisch (2/3 Rind, 1/3 Schwein)
2 TL Öl
2 Scheiben Gouda, Cheddar oder anderer Burger-Käse
2–4 Blatt Eisbergsalat
2 TL Mayonnaise
2 Fleischtomatenscheiben

Pro Portion: ca. 465 kcal, 31 g EW, 31 g F, 11 g KH

**1.** Vom Weißkohl die äußeren Blätter entfernen, den Kohl halbieren und den harten Strunk entfernen. Den Weißkohl auf der Gemüsereibe in dünne Streifen hobeln oder fein raspeln und in einer Salatschüssel mit Salz, Pfeffer, Rote-Bete-Saft und Essig gründlich mischen. Alles mit den Händen gut durchkneten (dabei am besten Einweghandschuhe verwenden!). Die rosa Pfefferbeeren unterrühren und den Coleslaw bis zum Servieren ziehen lassen.

**2.** Inzwischen aus dem Hackfleisch mit angefeuchteten Händen 2 Burger formen. Das Öl in einer Pfanne erhitzen und die Burger darin bei mittlerer Hitze auf jeder Seite etwa 5 Minuten braten, mit Salz und Pfeffer würzen.

**3.** Die Burger noch in der Pfanne mit je 1 Käsescheibe belegen und diesen mit geschlossenem Deckel kurz schmelzen lassen.

**4.** Währenddessen die Salatblätter waschen und trocken tupfen. Auf jeden Teller 1 bis 2 Salatblätter legen und 1 TL Mayonnaise darauf verteilen. Jeweils 1 Burger daraufsetzen und mit 1 Tomatenscheibe belegen. Den Coleslaw dazu servieren.

### FRUITY BURGER

*Statt Tomaten- schmecken auch Mangoscheiben auf dem Burger, er bekommt dann einen fruchtigen Touch. Bei dieser Variante unbedingt mit etwas Chili würzen!*

# SCHNELLES CHILI
## *MIT BLUMENKOHLPÜREE*

**Dies ist einer meiner liebsten Küchen-Quickies – in nur 25 Minuten steht er auf dem Tisch! Zum Blumenkohl passt hervorragend die edle Trüffel-Balsamicocreme, mit der ich das Püree gern beträufele.**

25 MIN.

**GLUTENFREI**

**FÜR 2 PERSONEN**

1 Schalotte
1 gelbe Paprikaschote
1 EL Öl
400 g Rinderhackfleisch
1 Dose Cocktailtomaten (400 g)
Chiliflocken
Salz, Pfeffer aus der Mühle
1 Blumenkohl
30–50 ml Milch (1,5 % Fett; je nach Größe des Blumenkohls)
1 EL Butter
frisch geriebene Muskatnuss

Pro Portion: ca. 615 kcal, 49 g EW, 39 g F, 12 g KH

1. Die Schalotte schälen und in feine Würfel schneiden. Die Paprikaschote längs halbieren, entkernen, waschen und in kleine Würfel schneiden.

2. Das Öl in einem Topf erhitzen und das Hackfleisch darin unter Rühren krümelig anbraten. Die Schalotten- und Paprikawürfel dazugeben und kurz mitdünsten. Die Cocktailtomaten samt Saft unterrühren und alles mit Chiliflocken, Salz und Pfeffer würzen. Das Chili mit halbgeschlossenem Deckel bei mittlerer Hitze noch etwa 15 Minuten garen.

3. Inzwischen den Blumenkohl putzen, waschen und in Röschen teilen. In Salzwasser 6 Minuten weich garen. Abgießen, abtropfen lassen und in einem hohen Rührbecher mit Milch und Butter mit dem Stabmixer fein pürieren. Das Püree mit Salz, Pfeffer und Muskatnuss würzen.

4. Das Chili auf Tellern anrichten und das Püree dazu reichen, nach Belieben mit etwas Trüffel-Balsamicocreme beträufeln.

### ORIENTAL STYLE

Probieren Sie das schnelle Chili auch mal mit Lammhackfleisch! Dann sollten Sie zum Servieren 1 Klecks Minzjoghurt darübergeben – das erinnert an die Küche des Nahen Ostens!

# SCHWEINEFILET
## *MIT RATATOUILLE*

**Bunte Teller braucht das Land – und hier essen die Augen sicher gern mit! Frische Kräuter, bunte Paprika, lilafarbene Aubergine – eine Blitz-Mahlzeit wie ein Gemälde …**

25 MIN.

GLUTENFREI

FÜR 2 PERSONEN

1 Schweinefilet (ca. 350 g)
Salz, Pfeffer aus der Mühle
1 ½ EL Olivenöl
100 g gelbe und rote Paprikaschote (in Rauten)
je 100 g rote Zwiebel und Zucchini (in ½ cm dünnen Scheiben)
je 100 g Aubergine und Fleischtomate (in groben Stücken)
1 kleines Bund Rosmarin- und Thymianzweige
1 Bund gemischte Kräuter

Pro Portion: ca. 500 kcal, 35 g EW, 35 g F, 9 g KH

**1.** Den Backofen auf 150 °C vorheizen. Das Schweinefilet eventuell von Fett und Sehnen befreien und rundum mit Salz und Pfeffer würzen.

**2.** Das Fleisch in einer Pfanne in ½ EL Olivenöl rundum (auch an den Schnittflächen) kräftig anbraten, das dauert etwa 10 Minuten. Dann auf das Ofengitter setzen und im Ofen auf der mittleren Schiene noch 10 Minuten garen.

**3.** Inzwischen das übrige Olivenöl in der Pfanne, in der zuvor das Fleisch gebraten wurde, erhitzen und das Gemüse darin kräftig anbraten. Rosmarin und Thymian waschen, trocken tupfen, zusammenbinden und zum Gemüse geben. Alles mit geschlossenem Deckel bei schwacher Hitze noch etwa 10 Minuten dünsten. Anschließend mit Salz und Pfeffer würzen.

**4.** Gemischte Kräuter waschen und trocken schütteln, die Blätter abzupfen, fein hacken und auf einen Teller geben. Das Filet aus dem Ofen nehmen und rundum in den Kräutern wälzen.

**5.** Zum Servieren das Filet in Scheiben schneiden und mit dem Gemüse auf Tellern anrichten.

### STATT SCHWEIN

Sie können nach diesem Rezept auch andere Fleischfilets zubereiten: Sehr gut eignen sich Kalbs-, Rinder- oder Lammfilets (Lammlachse).

# SCHNITZEL
## MIT KARTOFFELSALAT

**Schnitzel liebt jeder, oder? Vor allem mit Kartoffelsalat! Hier eine leicht abgefälschte Variante, die mich an den böhmischen Kartoffelsalat aus meiner Kindheit erinnert: mit Sellerie und Kohlrabi!**

25 MIN.

GLUTENFREI

FÜR 2 PERSONEN

**Für den Salat**
150 g Knollensellerie
150 g Kohlrabi, 50 g Möhre
50 g TK-Erbsen, Salz
2 Eier, 1–2 Essiggurken
1 EL Mayonnaise
1 EL Essig
Pfeffer aus der Mühle

**Für die Schnitzel**
2 EL entöltes Mandelmehl
2 EL geriebener Parmesan
1 Ei
Salz, Pfeffer aus der Mühle
2 Schnitzel (à 150–200 g; von Pute, Schwein oder Kalb), 1 EL Kokosöl

Pro Portion: ca. 540 kcal, 63 g EW, 24 g F, 14 g KH

1. Für den Salat Sellerie, Kohlrabi und Möhre putzen, schälen und in kleine Würfel schneiden. Mit den Erbsen in kochendem Salzwasser 6 Minuten bissfest garen.

2. Inzwischen die Eier in kochendem Wasser 8 Minuten hart garen. Danach kalt abschrecken, pellen und in Achtel schneiden. Die Essiggurken in kleine Würfel schneiden.

3. Das Gemüse abgießen und noch warm in einer Salatschüssel mit Essiggurken, Mayonnaise und Essig mischen. Mit Salz und Pfeffer würzen und den Salat kurz ziehen lassen.

4. Währenddessen für die Schnitzel Mandelmehl und Parmesan in einem tiefen Teller mischen. Das Ei in einem weiteren tiefen Teller verquirlen und mit Salz und Pfeffer würzen.

5. Die Schnitzel zuerst durch das verquirlte Ei ziehen und dann in der Mandelmischung wenden. Das Öl in einer Pfanne erhitzen und die Schnitzel darin auf jeder Seite knusprig braten. Zum Servieren den Kartoffelsalat umrühren und abschmecken, mit den Schnitzeln anrichten und die Eier dazu servieren.

### MANDELN OHNE ÖL?

Für die Herstellung von Mandelmehl werden Mandeln gepresst und der übrig gebliebene Presskuchen wird vermahlen. Somit ist das Mehl deutlich fettärmer als gemahlene Mandeln. Beides eignet sich für die Verwendung in der LC-Küche!

# DORADE AUS DEM OFEN
## *MIT GEMÜSEPOMMES*

**Einfach, schnell, lecker – so kann man den Feierabend genießen und fühlt sich wie beim Italiener! Perfekt auch als Familienessen, vier Fische passen in jeden Ofen. Das Rezept einfach verdoppeln.**

30 MIN.

GLUTENFREI

FÜR 2 PERSONEN

je 1 Zucchini, Aubergine und rote Paprikaschote
2 EL Olivenöl
Salz
2 kleine Doraden (à ca. 300 g)
1 TL ital. Gewürzmischung
1 Knoblauchzehe
1 Bio-Zitrone
Pfeffer aus der Mühle

Pro Portion: ca. 375 kcal, 50 g EW, 13 g F, 10 g KH

1. Den Backofen auf 200 °C vorheizen. Ein Backblech mit Backpapier belegen.

2. Zucchini und Aubergine putzen und waschen, zuerst in Scheiben, dann in Streifen schneiden. Die Paprikaschote längs halbieren, entkernen, waschen und ebenfalls in Streifen schneiden. Das Backpapier mit 1 EL Olivenöl bestreichen, mit Salz bestreuen und das Gemüse darauf verteilen.

3. Die Fische innen und außen waschen, trocken tupfen und auf jeder Seite zweimal einschneiden. Das übrige Olivenöl mit der Gewürzmischung verrühren. Den Knoblauch schälen und dazupressen. Nach Belieben zusätzlich noch die gehackten Blättchen von 2 Zweigen Thymian unter das Würzöl mischen. Die Fische innen und außen mit dem Würzöl einreiben. Die Zitrone heiß waschen, abtrocknen und in Scheiben schneiden.

4. Die Fische auf das Gemüse setzen, mit den Zitronenscheiben belegen und im Ofen auf der mittleren Schiene etwa 20 Minuten garen. Die Fische sind gar, wenn man die Rückenflossen mühelos herausziehen kann. Die Doraden aus dem Ofen nehmen, mit Salz und Pfeffer würzen und mit den Gemüsepommes anrichten.

WENN
GÄSTE
KOMMEN!

# PLATTES HUHN
## *MIT SÜSSKARTOFFELN*

**Das Brathähnchen ist nicht nur schnell fertig, sondern auch wunderbar knusprig und aromatisch. Besonders praktisch: Die Gemüsebeilage gart im Ofen gleich mit!**

30 MIN.

GLUTENFREI

FÜR 2 PERSONEN

400 g Süßkartoffeln
1 kleines Brathähnchen (ca. 1,2 kg)
2 EL Olivenöl
2 TL edelsüßes Paprikapulver
Salz, Pfeffer aus der Mühle

Pro Portion: ca. 105 kcal, 94 g EW, 51 g F, 48 g KH

**1.** Den Backofen auf 200 °C vorheizen. Die Süßkartoffeln putzen, schälen und in etwa 1 ½ cm große Würfel schneiden.

**2.** Das Hähnchen innen und außen waschen und trocken tupfen, dann mit einer Geflügelschere am Rücken entlang aufschneiden und platt auseinanderdrücken. Die Keulen und die Brustfilets jeweils zweimal einschneiden.

**3.** In einer kleinen Schüssel 1 EL Olivenöl mit Paprikapulver, Salz und Pfeffer mischen und das Hähnchen damit außen kräftig einreiben. Das restliche Olivenöl auf einem Backblech verteilen, das Hähnchen darauflegen und die Süßkartoffelwürfel darum herumverteilen. Nach Belieben noch gewaschene Kräuterzweige wie Rosmarin oder Thymian mit auf das Blech geben.

**4.** Das Hähnchen im Ofen auf der zweiten Schiene von oben etwa 25 Minuten knusprig garen. Aus dem Ofen nehmen und die Süßkartoffelwürfel nochmals mit Salz würzen. Sofort servieren.

### TEILE STATT IM GANZEN

Statt eines ganzen Hähnchens können Sie auch Hähnchenschenkel verwenden – man rechnet dann 2 Stück pro Person. Verwenden Sie zum Würzen statt Paprikapulver einfach eine Lieblingsgewürzmischung; ich persönlich mag es gern indisch angehaucht. Übrigens haben Süßkartoffeln einen deutlich niedrigeren GI (glykämischen Index) als Kartoffeln, auch wenn sie nicht unbedingt low carb sind. Wer konsequent bleiben will, serviert zum Hähnchen Gemüsepommes (siehe S. 66).

ALLES
VON EINEM
BLECH!

# CHICKEN ROLLS
## MIT ZWEIERLEI PÜREE

**Mit Bacon wird alles gut – das gilt auch für Hähnchenfilets. Die werden im kross gebratenen Speckmantel außen wunderbar knusprig, bleiben innen aber ganz zart. Wer kann da schon Nein sagen?**

30 MIN.

**GLUTENFREI**

**FÜR 2 PERSONEN**

**Für die Rolls**

2 Hähnchenbrustfilets (à ca. 150 g)
Salz, Pfeffer aus der Mühle
2–4 getr. Tomaten (in Öl)
8 dünne Scheiben Bacon (Frühstücksspeck)
1 TL Öl

**Für die Pürees**

1 große Pastinake, Salz
100 g TK-Erbsen
50 g Sahne, 2 TL Butter
Pfeffer aus der Mühle
frisch geriebene Muskatnuss
1–2 TL Limettensaft

Pro Portion: ca. 475 kcal, 43 g EW, 23 g F, 21 g KH

1. Für die Rolls die Hähnchenbrustfilets waschen, trocken tupfen und jeweils in 4 Streifen schneiden. Mit Salz und Pfeffer würzen. Die Tomaten abtropfen lassen und in Stücke schneiden.

2. Die Hähnchenstreifen mit ein paar Tomatenstücken belegen und mit jeweils 1 Speckscheibe umwickeln. Falls nötig, mit kleinen Holzspießen fixieren. Das Öl in einer Pfanne erhitzen und die Rolls darin rundum anbraten. Dann in 10 Minuten fertig garen, dabei ab und zu wenden.

3. Inzwischen für die Pürees die Pastinake putzen, schälen und in etwa 1 cm große Würfel schneiden. In etwas Salzwasser mit geschlossenem Deckel 10 Minuten bissfest garen. Gleichzeitig die Erbsen in Salzwasser nach Packungsanweisung garen. Beides separat in ein Sieb abgießen und abtropfen lassen.

4. Die Pastinake mit jeweils der Hälfte der Sahne und der Butter in einem hohen Rührbecher mit dem Stabmixer fein pürieren. Die Erbsen ebenso pürieren. Beide Pürees mit Salz und Pfeffer würzen, das Pastinakenpüree mit etwas Muskatnuss würzen, das Erbsenpüree mit dem Limettensaft.

5. Beide Pürees auf den Tellern nebeneinander anrichten und je 4 Chicken Rolls daraufsetzen.

### 1001 PÜREE

LC-Pürees kann man aus allem machen, was das Gemüsefach hergibt: zum Beispiel Möhren mit etwas Vanille oder Kürbis orientalisch gewürzt; auch ein Kürbis-Möhren-Ingwer-Mix schmeckt wunderbar.

# ENTENBRUST
## *MIT FARMERSALAT*

**„Old MacDonald had a farm …“ und eben KEIN Schnellrestaurant! Obwohl: Fix sind wir! Die Entenbrust innen rosa, außen knusprig, dazu köstlicher Farmersalat. Old MacDonald wäre stolz auf uns.**

30 MIN.

**GLUTENFREI**

**FÜR 2 PERSONEN**

100 g Kohlrabi
100 g Möhre
1 EL Mayonnaise
1 EL Joghurt
(1,5 % Fett)
Salz, Pfeffer aus der Mühle
1–2 TL Essig
2 kleine Entenbrustfilets
(à ca. 180 g; mit Haut)
1 TL Öl

Pro Portion: ca. 450 kcal, 34 g EW, 30 g F, 7 g KH

**1.** Kohlrabi und Möhre putzen, schälen und auf der Gemüsereibe fein raspeln. Die Raspel in einer Schüssel mit Mayonnaise und Joghurt mischen, mit Salz und Pfeffer würzen und mit Essig sowie nach Belieben mit 1 TL Birkenzucker abschmecken. Alles nochmals gut verrühren – am besten mit der Hand richtig durchkneten – und bis zum Servieren ziehen lassen.

**2.** Die Entenbrustfilets von Sehnen auf der Unterseite befreien, waschen und trocken tupfen. Die Haut mit einem scharfen Messer mehrmals rautenförmig einschneiden und die Filets rundum mit Salz und Pfeffer würzen.

**3.** Das Öl in einer Pfanne erhitzen und die Entenbrustfilets darin erst auf der Fleischseite 1 Minute braten, dann wenden und auf der Hautseite noch 1 Minute scharf anbraten. Die Filets bei mittlerer Hitze noch 8 bis 12 Minuten weiterbraten, dabei das austretende Fett abschöpfen.

**4.** Zum Schluss die Entenbrustfilets nochmals wenden und 1 Minute auf der Fleischseite garen. Die Entenbrustfilets sollten jetzt elastisch sein, aber nicht fest! (Zur Sicherheit ein Bratenthermometer benutzen, zartrosa haben Entenbrustfilets innen 62–64 °C.)

**5.** Zum Servieren die Entenbrustfilets schräg in Scheiben schneiden und mit dem Farmersalat auf Tellern anrichten.

SALAT GERNE
AM VORTAG
ZUBEREITEN

# HACKBÄLLCHEN *IN TOMATENSAUCE*

**„All you need is Hack, lalalalala, all you need ist Hack, yeah, Hack is all you need" – vor allem, wenn die Hackbällchen ratzfatz gemacht sind und mit einer würzigen Tomatensauce daherkommen!**

30 MIN.

**GLUTENFREI**

**FÜR 2 PERSONEN**

250 g Rinderhackfleisch
1 Eigelb
Salz, Pfeffer aus der Mühle
½ TL gemahlener Koriander
½ TL Chiliflocken
1 cm frisch geriebener Ingwer
1 Schalotte
½ Knoblauchzehe
1 TL Öl
1 Dose stückige Tomaten (400 g)
½ TL Zucker oder Birkenzucker
2 Stängel Basilikum

Pro Portion: ca. 360 kcal, 29 g EW, 24 g F, 5 g KH

**1.** Für die Hackbällchen das Hackfleisch mit dem Eigelb, Salz, Pfeffer und der Hälfte der Gewürze (Koriander, Chiliflocken und Ingwer) verkneten.

**2.** Aus der Hackmasse mit angefeuchteten Händen etwa walnussgroße Bällchen formen. Die Schalotte und den Knoblauch schälen und in feine Würfel schneiden.

**3.** In einem großen Topf ½ TL Öl erhitzen und die Hackbällchen darin rundum scharf anbraten. Dann herausnehmen und beiseitestellen. Das übrige Öl im Topf erhitzen, Schalotte und Knoblauch darin andünsten.

**4.** Die Tomatenstücke samt Saft dazugeben und mit Zucker oder Birkenzucker würzen. Die Sauce offen etwa 5 Minuten einkochen lassen, dann mit den übrigen Gewürzen, Salz und Pfeffer würzen. Die Hackbällchen in die Sauce setzen und mit geschlossenem Deckel bei schwacher Hitze etwa 20 Minuten garen.

**5.** Inzwischen das Basilikum waschen, trocken tupfen und die Blätter abzupfen. Zum Servieren Hackbällchen und Sauce auf Teller verteilen und mit dem Basilikum garnieren. Dazu passt ein Tomatensalat oder Kopfsalat mit Joghurt-Schnittlauch-Dressing.

## ALTE LIEBE, NEUES GLÜCK

Sie können die Hackbällchen auch aus anderen Hackfleischsorten zubereiten. Zum Beispiel aus Geflügel- oder Lammhackfleisch, das Sie am besten vom Metzger durchdrehen lassen.

# ZUCCHINI-BANDNUDELN
## *MIT BOLOGNESE*

**Dass eine Bolognese lang kochen muss, ist in Italien ein ungeschriebenes Gesetz. Aber wer spielt schon immer nach den Regeln? Meine Variante ist verboten schnell und auch verboten lecker!**

30 MIN.

**GLUTENFREI**

**FÜR 2 PERSONEN**

2 Schalotten
2 Knoblauchzehen
1 EL Öl
400 g Rinderhackfleisch
2 EL Tomatenmark
1 Dose stückige Tomaten (400 g)
Salz, Pfeffer aus der Mühle
Piment d'Espelette (ersatzweise Chiliflocken)
1 TL Zucker oder Birkenzucker
2 EL gehackte Kräuter (z. B. Petersilie, Thymian)
2 große Zucchini
1 EL Butter
20 g geriebener Parmesan

Pro Portion: ca. 625 kcal, 50 g EW, 41 g F, 12 g KH

**1.** Für die Bolognese die Schalotten und den Knoblauch schälen und in feine Würfel schneiden. Das Öl in einem großen Topf erhitzen und das Hackfleisch darin unter Wenden krümelig braten.

**2.** Schalotten und Knoblauch dazugeben und mit andünsten. Das Tomatenmark hinzufügen und kurz mitdünsten. Dann die Tomatenstücke samt Saft dazugeben und alles mit Salz, Pfeffer, Piment d'Espelette und Zucker oder Birkenzucker würzen.

**3.** Die Bolognese mit geschlossenem Deckel bei schwacher Hitze 20 Minuten garen. Gegen Ende der Garzeit die gehackten Kräuter untermischen.

**4.** Währenddessen die Zucchini putzen, waschen und mit dem Sparschäler in lange Gemüse-Bandnudeln schneiden. (Das ergibt Nudeln in drei Grünschattierungen – je weiter man sich von außen nach innen schält.)

**5.** Die Bandnudeln in einer Pfanne in der Butter kurz schwenken, sodass sie warm, aber noch bissfest sind. Mit Salz und Pfeffer würzen (nicht vor dem Garen mit Salz würzen, sonst werden die Zucchini wässrig). Zum Servieren die Zucchini-Bandnudeln mit der Bolognese servieren und mit dem Parmesan bestreuen.

### NETTE BEGLEITUNG

Probieren Sie die Bolognese auch mal mit den Kohlrabinudeln aus dem Menü von S. 131 – schmeckt super! Falls Sie ein wenig mehr Zeit haben, eignet sie sich auch perfekt als Sugo für LC-Lasagne.

ECHTER
LC-SATT-
MACHER!

# FISCHFILET
## *MIT KRÄUTERKRUSTE*

**Hier wird zartes Fischfilet mit einer duftenden Kräuterkruste ganz stressfrei und ohne Spritzer in der Küche im Ofen gegart. Dazu ein knackig-frischer grüner Salat: So lecker und gesund ist Low Carb!**

30 MIN.

**GLUTENFREI**

**FÜR 2 PERSONEN**

1 Scheibe LC-Brot
(ca. 50 g; siehe S. 108)
50 g weiche Butter
1 Bund gehackte gemischte Kräuter (siehe Tipp)
Salz, Pfeffer aus der Mühle
2 Fischfilets
(à ca. 180 g; z. B. Barsch, Kabeljau, Lachs)
1 Kopfsalat
2 EL saure Sahne
1 EL Aceto balsamico bianco

Pro Portion: ca. 445 kcal, 42 g EW, 29 g F, 3 g KH

**1.** Den Backofen auf 200 °C (Ober- und Unterhitze) vorheizen. Ein Backblech mit Backpapier belegen.

**2.** Das LC-Brot toasten oder in einer Pfanne ohne Fett kurz rösten. Herausnehmen und abkühlen lassen, dann fein hacken. Mit der weichen Butter und den Kräutern mischen, die Gratiniermasse mit Salz und Pfeffer würzen.

**3.** Die Fischfilets von eventuellen Gräten befreien, waschen und trocken tupfen. Den Fisch mit Salz und Pfeffer würzen und die Filets nebeneinander auf das Blech setzen. Die Gratiniermasse auf dem Fisch verteilen, dabei etwas andrücken. Die Fischfilets im Ofen auf der mittleren Schiene etwa 20 Minuten garen.

**4.** Währenddessen vom Kopfsalat die äußeren Blätter entfernen. Den Salat in die einzelnen Blätter teilen, waschen, trocken schleudern und in mundgerechte Stücke zupfen. Die saure Sahne mit dem Essig verrühren, das Dressing mit Salz und Pfeffer würzen.

**5.** Zum Servieren das Dressing mit den Salatblättern mischen und den Salat nach Belieben mit Schnittlauchröllchen bestreuen. Den Fisch aus dem Ofen nehmen und mit dem Salat servieren.

### KRUSTENZAUBER

Die Kruste lässt sich beliebig variieren – im Frühjahr mit Bärlauch, indisch mit 1 TL Currypulver, frisch und fruchtig mit abgeriebener Bio-Orangen- oder Zitronenschale, klassisch mit Petersilie und etwas Knoblauch. Die Kruste schmeckt auch auf Hähnchenbrust!

# KALBSFILET MIT SALBEI UND RÜBENSTAMPF

**Während das Kalbsfilet sanft vor sich hin gart, nehmen im selben Topf die Pastinaken im Fond alle Aromen auf. Zum Servieren wird alles mit knuspriger Salbeibutter übergossen – genial einfach!**

30 MIN.

GLUTENFREI

FÜR 2 PERSONEN

500 g Kalbsfilet
500 ml Rinderfond oder Waldpilzfond (aus dem Glas)
200 g Pastinaken
200 g Steckrüben
100 g Möhren
1 Handvoll Salbeiblätter
2 ½ EL Butter (siehe Tipp)
50 ml Milch (1,5 % Fett)
Salz, Pfeffer aus der Mühle

Pro Portion: ca. 485 kcal, 57 g EW, 16 g F, 23 g KH

**1.** Das Kalbsfilet mit Küchengarn binden, dabei an beiden Enden das Garn so lang lassen, dass man es an einem Kochlöffel festbinden kann. In einem großen Topf den Fond mit ½ l Wasser mischen und aufkochen.

**2.** Inzwischen die Pastinaken, Steckrüben und Möhren putzen, schälen und in etwa ½ cm dicke Scheiben schneiden. In den Kochfond geben. Das Kalbsfilet an einem über dem Topfrand liegenden Kochlöffel so befestigen, dass es im Fond hängt, aber nicht am Boden aufliegt (sonst wird es an dieser Stelle schneller gar). Alles mit geschlossenem Deckel bei schwacher Hitze etwa 15 Minuten leicht simmern lassen.

**3.** Währenddessen die Salbeiblätter waschen und trocken tupfen. In einer Pfanne 2 EL Butter aufschäumen und die Salbeiblätter darin bei mittlerer Hitze langsam knusprig braten, warm halten.

**4.** Das Fleisch herausnehmen und warm halten. Die Rüben in einer Schüssel mit der übrigen Butter (oder Trüffelbutter; siehe Tipp) und der Milch zu einem Stampf zerdrücken. Mit Salz, Pfeffer und nach Belieben mit frisch geriebener Muskatnuss würzen.

**5.** Das Filet in Scheiben schneiden, neben dem Stampf anrichten und mit Salz und Pfeffer würzen. Mit Salbeibutter übergießen.

## EIN HAUCH VON LUXUS

Der Rübenstampf schmeckt auch lecker mit einem Topping aus Trüffelbutter oder Trüffelöl! Beides gibt es fertig zu kaufen.

ZARTES FLEISCH MIT VIEL SALBEI

# BUNTES GEMÜSEGRATIN
## *MIT BERGKÄSE*

**Ein gutes Beispiel dafür, dass man auch ohne Fleisch glücklich und satt werden kann! Und wenn mal wieder Gemüse übrig geblieben ist, ist dieses Gratin außerdem die perfekte Resteverwertung.**

30 MIN.

**GLUTENFREI**

**FÜR 2 PERSONEN**

je 100 g Aubergine, Zucchini, Fenchel und Möhre
150 g geraspelter Bergkäse oder ein anderer Hartkäse
Salz, Pfeffer aus der Mühle
frisch geriebene Muskatnuss
100 g Sahne oder fettreduzierte Sahne

Pro Portion: ca. 495 kcal, 26 g EW, 39 g F, 9 g KH

**1.** Den Backofen auf 185 °C (Umluft) vorheizen. Das Gemüse putzen und waschen bzw. schälen und auf der Gemüsereibe in dünne Scheiben hobeln (so wird es schneller gar). Das Gemüse abwechselnd mit dem geraspelten Käse in vier Lagen in eine ofenfeste flache Form schichten. Dabei jede Gemüseschicht mit Salz, Pfeffer und etwas Muskatnuss würzen. Als letzte Schicht mit Käse abschließen.

**2.** Die Sahne darübergießen und das Gemüsegratin im Ofen auf der mittleren Schiene etwa 25 Minuten goldbraun garen. Aus dem Ofen nehmen und vor dem Servieren kurz abkühlen lassen.

### HITZESCHUTZ

Sollte der Käse bereits goldbraun sein, bevor das Gemüse gar ist, sollten Sie das Gratin mit Backpapier abdecken, damit es nicht zu stark bräunt. Einfach nach 15 Minuten mal nachsehen! Das Gemüsegratin ist nicht nur eine aromatische und einfache Mahlzeit, man kann es auch mit allem zubereiten, was nicht mehr ganz taufrisch ist. Bei uns das ideale Montagsessen ...

# CURRYBLUMENKOHL
## *MIT LAMMFILET*

**Lust auf einen Trip in den Orient? Ich hätte da eine Idee, stressfrei und ganz ohne Kofferpacken: knuspriger Würzblumenkohl, der sich im Ofen selbst zubereitet und von zartem Lammfilet begleitet wird.**

30 MIN.

**GLUTENFREI**

**FÜR 2 PERSONEN**

1 kleiner Blumenkohl
2 EL Olivenöl
1 TL Currypulver
Fleur de Sel
4 Lammfilets (à ca. 60 g)
Salz, Pfeffer aus der Mühle
1 Knoblauchzehe
je 1 Zweig Thymian und Rosmarin

Pro Portion: ca. 290 kcal, 30 g EW, 15 g F, 6 g KH

1. Den Backofen auf 200 °C vorheizen. Ein Backblech mit Backpapier belegen.

2. Den Blumenkohl putzen, waschen und in Röschen teilen. Die Blumenkohlröschen in einen Gefrierbeutel geben, 1 EL Olivenöl und das Currypulver hinzufügen und alles gut mischen (jedes Röschen soll mit Öl und Currypulver überzogen sein, siehe S. 8).

3. Die Blumenkohlröschen auf dem Blech verteilen, mit Fleur de Sel und nochmals mit etwas Currypulver bestäuben. Dann im Ofen auf der mittleren Schiene etwa 20 Minuten garen, dabei ab und zu wenden. Der Blumenkohl soll an den Rändern richtig knusprig werden, dann schmeckt er am besten.

4. Währenddessen die Lammfilets mit Salz und Pfeffer würzen. 5 Minuten vor Ende der Blumenkohlgarzeit das übrige Olivenöl in einer Pfanne erhitzen, die angedrückte Knoblauchzehe und die Kräuterzweige dazugeben. Die Lammfilets in der Pfanne rundum scharf anbraten, dann die Hitze herunterschalten und die Lammfilets bei schwacher Hitze noch etwa 3 Minuten weiterbraten, dabei immer wieder mit dem Öl begießen.

5. Die Lammfilets aus der Pfanne nehmen, kurz ruhen lassen und schräg in Scheiben schneiden, nochmals leicht mit Salz und Pfeffer würzen. Mit dem Curryblumenkohl servieren.

# 3 GÄNGE
# IN 30 MINUTEN

Samstagmorgen – und Sie haben für abends Gäste eingeladen. Trotzdem können Sie in Ruhe frühstücken, zum Shoppen gehen, den Hund Gassi führen ... und sich dann irgendwann ganz entspannt in die Küche stellen. Denn dieses wunderbare Menü für 4 Personen steht in nur 30 Minuten auf dem Tisch: kein Scherz, sondern Kochfee-Zauberei!

VOR-SPEISE

## ORANGEN-FENCHEL-SALAT

## RINDERFILET MIT SELLERIEPÜREE

## BEEREN-KNUSPERQUARK

# DER GENIALE ABLAUFPLAN

... damit Sie beim Kochen garantiert nicht in Stress geraten!

## SELLERIEPÜREE

500 g Knollensellerie, Salz, 1 EL Butter, 300 g Milch oder Sahne, Pfeffer aus der Mühle, frisch geriebene Muskatnuss
Pro Portion: ca. 45 kcal, 2 g EW, 2 g F, 3 g KH

Den Sellerie putzen, waschen und in sehr kleine Würfel schneiden. In kochendem Salzwasser 5 Minuten garen, abgießen und gut abtropfen lassen. Dann mit Butter und Milch oder Sahne in einem hohen Rührbecher mit dem Stabmixer fein pürieren. Das Selleriepüree mit Salz, Pfeffer und Muskatnuss kräftig würzen, dann warm halten.

## ORANGEN-FENCHEL-SALAT

2 Fenchel, 2 Orangen, 2 EL Olivenöl, 2 EL Aceto balsamico bianco, Salz, Pfeffer aus der Mühle, 2 EL Pinienkerne
Pro Portion: ca. 55 kcal, 2 g EW, 2 g F, 6 g KH

Den Fenchel putzen, waschen und auf der Gemüsereibe in feine Scheiben hobeln. Die Orangen so schälen, dass die weiße Haut mit entfernt wird. Die Fruchtfilets aus den Trennhäuten schneiden, dabei den Saft auffangen. Olivenöl, Essig und Orangensaft mit Salz und Pfeffer zu einer Vinaigrette verrühren. Die Pinienkerne in einer Pfanne ohne Fett goldbraun anrösten. Fenchelscheiben und Orangenfilets auf Tellern verteilen, mit Vinaigrette beträufeln und mit Pinienkernen bestreuen.

# RINDERFILET MIT WÜRZBUTTER

4 Rinderfiletscheiben (à ca. 180 g), 2 TL Olivenöl, 2 TL Steakgewürz, 4 TL Butter, 2 Knoblauchzehen, je 2 Thymian- und Rosmarinzweige, Fleur de Sel
Pro Portion: ca. 130 kcal, 19 g EW, 6 g F, 0 g KH

Das Filet vor der Zubereitung aus dem Kühlschrank nehmen. Das Olivenöl in einer Pfanne erhitzen. Das Fleisch mit der Gewürzmischung einreiben, in die Pfanne geben und darin bei mittlerer Hitze rundum etwa 6 Minuten anbraten, anschließend aus der Pfanne nehmen. Die Butter in der Pfanne zerlassen, die angedrückten Knoblauchzehen und die gewaschenen Kräuterzweige dazugeben und die Butter aufschäumen lassen. Das Filet mit der Würzbutter beträufeln und mit Fleur de Sel bestreuen. Mit dem Selleriepüree anrichten.

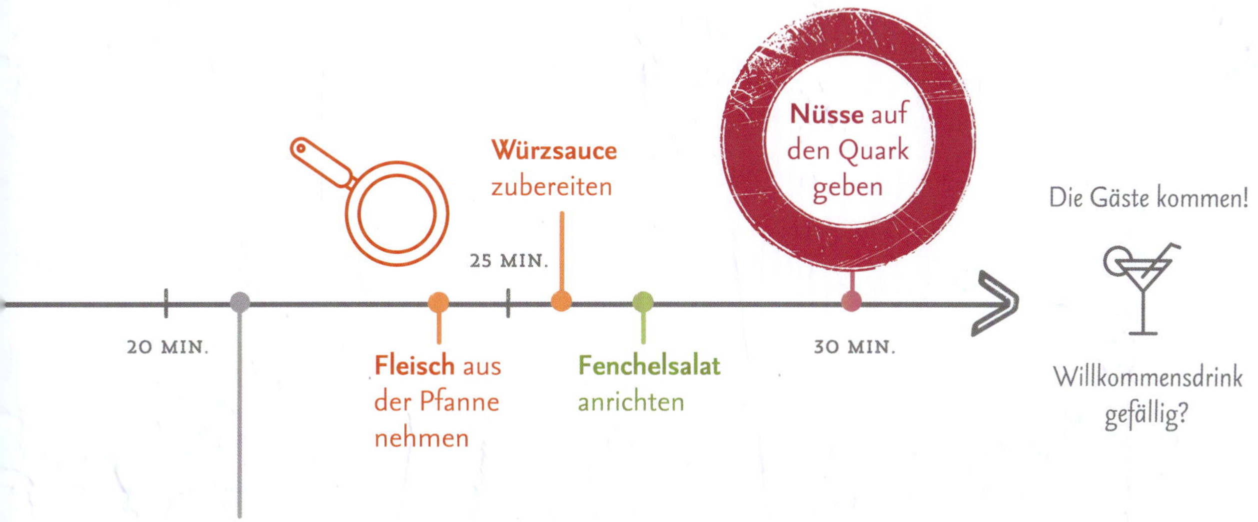

# BEEREN-KNUSPERQUARK

500 g Quark, 2 EL Birkenzucker, ausgekratztes Mark von 2 Vanilleschoten, 100 g Haselnusskerne, 500 g gemischte TK-Beeren (oder TK-Himbeeren bzw. TK-Erdbeeren)
Pro Portion: ca. 175 kcal, 9 g EW, 11 g F, 7 g KH, 2,5 g Birkenzucker

Den Quark mit dem Birkenzucker und dem Vanillemark cremig aufmixen. Die Nüsse in einer Pfanne ohne Fett anrösten. Aus der Pfanne nehmen, abkühlen lassen und grob hacken. Die Beeren kurz antauen lassen und abwechselnd mit dem Quark in Gläser schichten. Mit den Nüssen bestreuen.

# LOW CARB TO GO

Was ist das Komplizierteste an Low Carb? Klare Sache: das Unterwegs-sein, die Kantinen und Imbissbuden, die Verpflegung in der Schule oder an der Uni. Da finden Low-Carb-Fans nur wenig nach ihrem Geschmack. Die Lösung? Mitnehmen, was einem guttut und schmeckt! Meine To-go-Rezepte machen es Ihnen auch jenseits der eigenen vier Wände leicht, am Ball zu bleiben!

# CHIA-BEEREN-JOGHURT
## *MIT VANILLE*

**Der Overnight-Chia-Beeren-Joghurt sorgt im Büro garantiert für gute Laune! Ich setze ihn gern mit Mandeldrink an, Sie können aber auch andere Pflanzendrinks oder Milch verwenden.**

10 MIN.

**VEGETARISCH, GLUTENFREI**

**FÜR 1 PERSON**

100 ml ungesüßter Mandeldrink
Mark von ½ Vanilleschote
½ EL Chiasamen (10 g)
100 g gemischte Beeren (z. B. Heidel-, Him- und Rote Johannisbeeren)
einige Blätter Zitronenmelisse
75 g griech. Joghurt (10 % Fett)

Pro Portion: ca. 220 kcal, 7 g EW, 15 g F, 11 g KH

1. Am Vorabend den Mandeldrink mit dem Vanillemark in einem Topf erhitzen. Die Chiasamen unterrühren und alles nach Belieben süßen. Den Topf vom Herd nehmen und den Brei abkühlen lassen, dabei ab und zu umrühren.

2. Inzwischen die Beeren verlesen, waschen und trocken tupfen. (Alternativ andere Obstsorten nach Wahl waschen bzw. schälen und in mundgerechte Stücke schneiden.) Die Zitronenmelisse waschen und trocken tupfen.

3. Die Chiamischung in ein Glas mit Deckel (½ l Inhalt) füllen, Joghurt und Beeren (oder Obst) daraufgeben und alles mit der Zitronenmelisse toppen. Über Nacht kühl stellen und den Chiajoghurt am nächsten Morgen nicht im Kühlschrank vergessen!

### FÜR SCHOKOHOLICS

Schokoliebhaber rühren noch 1 TL Back- oder Rohkakao in die Chiamischung, bevor Sie sie vom Herd nehmen. Oder ein paar LC-Schokodrops, die schmelzen nicht! Als Topping eignen sich auch geröstete Kokoschips, Mandelblättchen oder ein paar zerkrümelte Cookies (siehe S. 121). Und: Anstelle der Beeren können Sie den Chiajoghurt auch mal mit Kirschen, Mango oder Kiwi probieren!

# BEEF-RÖLLCHEN
## *MIT PAPRIKACREME*

**Geringer Aufwand, aber große Wirkung in der Büroküche: Diese Röllchen sind das perfekte Blender-Mittagessen. Und ein weiterer leckerer Beweis dafür, wie abwechslungsreich Low Carb sein kann!**

10 MIN.

**GLUTENFREI**

**FÜR 1 PERSON**

2 eingelegte Grillpaprikaschoten (aus dem Glas)
2 getr. Tomaten (in Öl)
1 Knoblauchzehe
75 g Feta (Schafskäse)
Salz, Pfeffer aus der Mühle
½ Bund Rucola
6 dünne Roastbeefscheiben

Pro Portion: ca. 455 kcal, 30 g EW, 33 g F, 7 g KH

1. Die Grillpaprika und die Tomaten abtropfen lassen und in einen hohen Rührbecher geben. Den Knoblauch schälen, grob zerkleinern und hinzufügen. Den Feta grob zerkrümeln und dazugeben. Mit dem Stabmixer fein pürieren, die Paprikacreme mit Salz und Pfeffer würzen und kühl stellen.

2. Inzwischen den Rucola verlesen, waschen und trocken schleudern, dabei grobe Stiele entfernen.

3. Die Roastbeefscheiben auf einem Arbeitsbrett nebeneinander auslegen. Jede Fleischscheibe mit etwas Paprikacreme bestreichen und mit einigen Blättern Rucola belegen, dann aufrollen und zum Mitnehmen verpacken.

### RÖLLCHEN MAL ANDERS

Schnelle Alternativen zum Roastbeef sind Kochschinken- oder Putenbrustaufschnitt, auch kalter Braten passt sehr gut! Sie können die Röllchen aber – wenn es die Zeit zulässt und Sie zu Hause essen – genauso gut mit frischem Rinderfilet zubereiten: Dazu 120 g Rinderfilet gegen die Faser in dünne Scheiben schneiden, noch etwas plattieren und in einer Pfanne in wenig Öl auf jeder Seite je 1 Minute scharf anbraten. Dann wie beschrieben füllen.

TURBO-
RÖLLCHEN
FÜR
ANGEBER

# SCHNELLE DIPS
## *MIT ROHKOSTSTICKS*

**Rohkost ist ein alter Hut – aber mit drei leckeren Dips zur Auswahl bekommt er eine neue Krempe! So bleibt das Büroessen abwechslungsreich und bewahrt vor Ausrutschern am Kiosk!**

15 MIN.

VEGETARISCH, GLUTENFREI

FÜR 1 PERSON

**Für den Curryquark**
100 g Quark (20 % Fett)
½ TL Olivenöl
1 TL Currypulver
Salz, Pfeffer aus der Mühle
1 Frühlingszwiebel

Pro Portion: ca. 120 kcal, 11 g EW, 6 g F, 4 g KH

**Für die Guacamole**
½ Avocado
Saft von ½ Limette
¼ Chilischote
1 Knoblauchzehe
Salz, Pfeffer aus der Mühle
½ Handvoll gehackte Korianderblätter

Pro Portion: ca. 160 kcal, 2 g EW, 13 g F, 6 g KH

1. Für den Curryquark den Quark mit Olivenöl und Currypulver mit den Quirlen des Handrührgeräts aufschlagen. Mit Salz und Pfeffer würzen. Die Frühlingszwiebel putzen, waschen, in sehr feine Würfel schneiden und zuletzt unterheben.

2. Für die Guacamole den Stein aus der Avocadohälfte entfernen. Die Avocadohälfte schälen, das Fruchtfleisch mit einer Gabel zerdrücken und sofort mit dem Limettensaft mischen. Die Chili längs halbieren, entkernen, waschen und fein hacken, dazugeben. Den Knoblauch schälen und dazupressen. Den Dip mit Salz und Pfeffer würzen, Koriander- oder die Petersilienblätter untermischen.

3. Für die Sticks je 100 g Staudensellerie, Möhren und Kohlrabi vorbereiten: Staudensellerie putzen, waschen und in etwa 5 cm lange Streifen schneiden. Möhren und Kohlrabi putzen, schälen und ebenfalls in etwa 5 cm lange Streifen schneiden. Die Rohkoststicks und einen der Dips zum Mitnehmen verpacken. Die Gemüsestreifen liefern pro Portion 90 kcal, 4 g EW, 1 g F, 13 g KH. Die Zeitangabe von 15 Minuten gilt für je einen Dip mit Sticks.

### NOCH EIN SCHNELLER DIP

Für einen einfachen Paprikadip 1 TL Olivenöl in einer Pfanne erhitzen und ½ TL rosenscharfes Paprikapulver darin rösten. 1 Knoblauchzehe schälen und dazupressen. Das Würzöl mit 100 g Joghurt (3,5 % Fett) mischen und nach Belieben mit Salz würzen. Dieser Dip ist mit 55 kcal, 0 g EW, 5 g F und 2 g KH absolut low carb!

# HÄHNCHENSTREIFEN
## *MIT OLIVENDIP*

**Knusprige Hähnchenstreifen mit cremigem Dip: Wetten, dass alle etwas aus Ihrer Lunchbox abhaben wollen? Dazu passen LC-Brötchen (siehe S. 108) – am besten mit Thymian und Oregano!**

**15 MIN.**

**GLUTENFREI**

**FÜR 1 PERSON**

1 Hähnchenbrustfilet (ca. 170 g)
1 TL Olivenöl
½ TL geräuchertes Paprikapulver (Pimentón de la Vera picante)
10 Oliven (ohne Stein)
einige Stiele gemischte Kräuter (z. B. Basilikum, Petersilie oder Thymian)
75 g Frischkäse (Doppelrahmstufe)
1 EL Tomatenmark
Salz, Pfeffer aus der Mühle

Pro Portion: ca. 500 kcal, 46 g EW, 33 g F, 5 g KH

**1.** Am Vortag das Hähnchenbrustfilet waschen, trocken tupfen und in Streifen schneiden. Das Olivenöl mit dem Paprikapulver in einen Gefrierbeutel geben, die Hähnchenstreifen dazugeben und alles im verschlossenen Beutel gründlich durchkneten (siehe S. 8). Anschließend noch kurz ziehen lassen.

**2.** Währenddessen die Oliven fein hacken. Die Kräuter waschen, trocken tupfen, die Blätter abzupfen und fein hacken. Den Frischkäse mit Oliven, Tomatenmark, Salz und Pfeffer verrühren und die Kräuter unterheben.

**3.** Die Hähnchenstreifen in einer Pfanne ohne weiteres Fett rundum scharf anbraten, dann bei mittlerer Hitze noch 5 Minuten weitergaren. Die Hähnchenstreifen in die Lunchbox packen und mit dem Olivendip über Nacht kühl stellen. Am nächsten Tag für unterwegs mitnehmen.

### WAS LÄSST SICH NOCH DIPPEN?

Statt Hähnchen passen zu dem Dip auch Gemüsesticks, Putenbruststreifen, Thunfisch (in Lake), gekochter Schinken, hart gekochte Eier oder auch – besonders fein – der knusprige Lachs von Seite 52. Der schmeckt auch kalt, also einfach mehr zubereiten!

GABEL EINPACKEN NICHT VERGESSEN!

# CAESAR SALAD
## *MIT LC-CROÛTONS*

**Hier kommt der Klassiker unter den Salaten, mit viel Eiweiß passt er nämlich auch perfekt in die LC-Küche! Wenn man den Salat nicht mitnehmen möchte, für zwei Personen ist er eine tolle Vorspeise.**

15 MIN.

GLUTENFREI

FÜR 1 PERSON

1 Hähnchenbrustfilet (ca. 120 g)
Salz, Pfeffer aus der Mühle
1 Scheibe LC-Brot (50 g; siehe S. 108)
½ TL Öl
1 TL mittelscharfer oder Dijon-Senf
½ sehr frisches Eigelb
1 ½ geriebene Knoblauchzehen
1–2 Sardellenfilets
1 EL mildes Olivenöl
Saft von ½ Zitrone
½ Romanasalat
15 g Parmesanspäne

Pro Portion: ca. 500 kcal, 46 g EW, 31 g F, 5 g KH

1. Das Hähnchenfleisch waschen, trocken tupfen und mit Salz und Pfeffer würzen. Das Brot in Würfel schneiden. Das Hähnchenfleisch in einer Pfanne im Öl bei mittlerer Hitze auf jeder Seite etwa 5 Minuten braten, herausnehmen und beiseitestellen. In derselben Pfanne die Brotwürfel anrösten, herausnehmen und abkühlen lassen.

2. Für das Dressing Senf, Eigelb, Knoblauch und Sardellen im Blitzhacker oder in einem hohen Rührbecher mit dem Stabmixer fein pürieren. Dann das Olivenöl langsam dazulaufen lassen, bis eine sämige Sauce entstanden ist. Mit Salz, Pfeffer und Zitronensaft abschmecken.

3. Vom Salat die äußeren Blätter entfernen. Den Salat in die einzelnen Blätter teilen, waschen, trocken schleudern und in mundgerechte Stücke zupfen. Das gegarte Hähnchenfleisch in dünne Scheiben schneiden.

4. Alles getrennt zum Mitnehmen verpacken (auch den Parmesan). Zum Servieren Salat und Hähnchenfleisch mit dem Dressing mischen und die Croûtons und Parmesanspäne über den Salat streuen.

### NOCH MEHR STREIFEN …

*Statt Hähnchen können Sie genauso gut auch andere Fleischsorten wie Rinderfiletstreifen oder Thunfisch kurz braten. Vegetarier weichen am besten auf Tofu oder Seitan aus.*

# ASIA-GEMÜSESUPPE
## *IM GLAS*

**Sandwich kann jeder, wir nehmen uns ein Süppchen mit ins Büro. Daheim wird alles vorbereitet und fest verschlossen, vor Ort kommen nur noch kochendes Wasser und Brühe dazu. Genial einfach!**

15 MIN.

**GLUTENFREI**

**FÜR 1 PERSON**

200 g gemischtes Gemüse (z. B. je 1 EL Möhrenwürfel, Zucchini, dazu Streifen von Pak Choi oder Mangold, 1 EL Erbsen)
150 g Hähnchenbrustfilet
1 Fruhlingszwiebel
1 kleine Chilischote
1 TL geriebener Ingwer
1 Handvoll Korianderblätter
1–2 TL glutenfreie Gemüsebrühe oder Misopaste

Pro Portion: ca. 225 kcal, 39 g EW, 2 g F, 11 g KH

**1.** Am Vortag die Gemüsewürfel in einem Topf in einem Siebeinsatz über Wasserdampf kurz dämpfen, herausnehmen, abkühlen lassen und in ein hitzefestes Glas mit Deckel geben.

**2.** Das Hähnchenbrustfilet waschen, trocken tupfen und in einer beschichteten Pfanne ohne Fett auf jeder Seite etwa 5 Minuten garen. Aus der Pfanne nehmen, in dünne Streifen schneiden und auf das Gemüse im Glas setzen.

**3.** Inzwischen die Frühlingszwiebel putzen, waschen und in dünne Ringe schneiden. Die Chilischote längs halbieren, entkernen, waschen und fein hacken. Frühlingszwiebelringe, Chili und Ingwer auf das Hähnchen schichten.

**4.** Fur eine fruchtig-sauerliche Note nach Belieben noch 1 Bio-Limettenscheibe oder 1 Stück Zitronengras (nicht zum Mitessen!) dazugeben. Den Koriander waschen, trocken tupfen, grob hacken und mit ins Glas geben. Das Glas verschließen und über Nacht in den Kühlschrank stellen.

**5.** Am nächsten Tag das Glas mitnehmen, zum Essen Brühe oder Misopaste hinzufügen. Alles mit 300 ml kochendem Wasser aufgießen und kurz ziehen lassen. Dann bei Bedarf nochmals mit Salz und Pfeffer abschmecken und loslöffeln.

### KOKOSSUPPE

*Wer die Möglichkeit hat, im Büro statt Wasser Kokosmilch aufzukochen, sollte diese Variante unbedingt probieren. Zusammen mit Misopaste oder Brühe macht Kokosmilch die Suppe herrlich cremig.*

GESÜNDER
GEHT ES
FAST NICHT!

TREIBEN SIE
ES IN DER
PAUSE BUNT!

# BUNTER SALAT
## *IM GLAS*

**Ob er mit ins Büro geht, auf die Reise oder zum Picknick: Der bunte Salat im Glas ist immer ein Hit und lässt sich super variieren. Ganz Eilige ersetzen das gebratene Hähnchen durch Putenaufschnitt.**

20 MIN.

GLUTENFREI

FÜR 1 PERSON

**Für das Salatglas**
150 g Hähnchenbrustfilet
1 TL Öl
100 g Mango, ½ Avocado
2 TL Zitronensaft
2 EL Granatapfelkerne
8 Mini-Mozzarellakugeln
1 Handvoll Rotkohl (in feinen Streifen)

**Für das Dressing**
1 EL Orangensaft
1 EL Olivenöl
1 EL Aceto balsamico bianco
1 TL mittelscharfer Senf
Salz, Pfeffer aus der Mühle

Pro Portion: ca. 720 kcal, 53 g EW, 43 g F, 26 g KH

1. Für den Salat das Hähnchenbrustfilet waschen, trocken tupfen und in feine Streifen schneiden. Das Öl in einer Pfanne erhitzen und das Fleisch darin rundum 6 bis 8 Minuten braten. Herausnehmen und abkühlen lassen.

2. Inzwischen die Mango schälen, das Fruchtfleisch zuerst in Scheiben und dann in kleine Stücke schneiden. Aus der Avocadohälfte den Stein entfernen, die Avocado schälen und das Fruchtfleisch in Würfel schneiden. Sofort mit dem Zitronensaft mischen, damit sich die Avocadowürfel nicht bräunlich verfärben.

3. In ein Glas mit Deckel (ca. ½ l Inhalt) zunächst die Hähnchenstreifen geben. Die Mangostücke und Granatapfelkerne daraufschichten. Dann die Avocadowürfel darübergeben, mit Mozzarella und Rotkohl abschließen. Das Glas gut verschließen.

4. Für das Dressing Orangensaft, Olivenöl, Essig und Senf gründlich verrühren und mit Salz und Pfeffer würzen. Das Dressing in ein Extraglas mit Deckel füllen, gut verschließen und mit dem Salat bis zum nächsten Tag kühl stellen.

5. Am nächsten Tag Salat und Dressing mitnehmen, zum Essen den Salat im Glas mit dem Dressing gründlich mischen und auf einen Teller stürzen.

### GUT ZU TRANSPORTIEREN

*Zum Mitnehmen von Salat oder Suppe eignen sich am besten gut schließende Gläser. Man kann natürlich auch Plastikboxen nehmen, das sieht nur nicht so dekorativ aus.*

# CAPRESE-MUFFINS
## *MIT WACHTELEIERN*

**„Aromatische Tomaten, dazu Mozzarella und Basilikum, Olivenöl, etwas Salz und Pfeffer … so einfach und doch so gut!" Das war mein erster Blogpost und die Muffins sind immer noch sooo beliebt!**

**30 MIN.**

GLUTENFREI

FÜR 4 MUFFINS
1 Handvoll Rucola
50 g Sahne
1 Ei
Salz, Pfeffer aus der Mühle
100 g Tomaten
100 g Mozzarella
(ersatzweise Schafskäse)
4 Scheiben Parmaschinken
4 Wachteleier
(ersatzweise Eier, Größe S)

Pro Stück: ca. 210 kcal,
14 g EW, 16 g F, 2 g KH

**1.** Den Backofen auf 180 °C (Ober- und Unterhitze) vorheizen. Rucola verlesen, waschen und trocken schleudern, grobe Stiele entfernen. Sahne, Ei und Rucola in einem hohen Rührbecher mit dem Stabmixer fein pürieren, mit Salz und Pfeffer würzen.

**2.** Die Tomaten waschen und in kleine Würfel schneiden, dabei die Stielansätze und Kerne entfernen. Den Mozzarella ebenfalls in kleine Würfel schneiden und mit den Tomatenwürfeln mischen.

**3.** Mit jeweils 1 Parmaschinkenscheibe vier Muffinförmchen auskleiden, dabei darf der Schinken ruhig über den Rand ragen. Die Tomaten-Mozzarella-Mischung auf die Förmchen verteilen und den Rucola-Ei-Guss bis zur Hälfte dazugießen.

**4.** Die Wachteleier aufschlagen und jeweils 1 Ei auf die Muffins setzen. (Wer kleine Hühnereier nimmt, lässt etwas mehr Platz für das Ei oder gießt einen Teil des Eiweißes weg, damit die Förmchen nicht überlaufen.)

**5.** Die Muffins im Ofen auf der mittleren Schiene etwa 20 Minuten backen, bis das Wachtelei fest und der Parmaschinken knusprig ist. Aus dem Ofen nehmen und vor dem Servieren kurz abkühlen lassen. Zum Mitnehmen kühlen und gut verpacken.

### KLEINE EXTRAS FÜR OBENDRAUF

Statt des Wachteleis können Sie auch geriebenen Parmesan über die Muffins geben. Bacon-Fans nehmen natürlich Bacon! Noch aromatischer werden die Muffins, wenn man unter die Mozzarellamischung 1 Handvoll gehacktes Basilikum rührt.

# LOW-CARB-BROT
## *MIT JOGHURT*

**Wenn es in der Pause doch mal eine Stulle sein soll, ist mein LC-Brot die beste Basis. Wenn Sie noch nie Brot gebacken haben, keine Angst: Das Rezept ist supereasy und schnell zubereitet!**

45 MIN.

GLUTENFREI

FÜR 1 BROTLAIB (12 SCHEIBEN)

175 g Frischkäse (Doppelrahmstufe)
125 g Joghurt (1,5 % Fett)
3 Eier (Größe L)
1 TL Salz
100 g entöltes Goldleinmehl (siehe S. 24)
1 TL glutenfreies (Weinstein-)Backpulver
entöltes Goldleinmehl zum Arbeiten

Pro Scheibe: ca. 115 kcal, 6 g EW, 9 g F, 1 g KH

1. Den Backofen auf 185 °C (Umluft) vorheizen. Ein Backblech mit Backpapier belegen. (Am besten bäckt man alle Arten von LC-Brot auf einem Lochblech, so kann die Feuchtigkeit entweichen und die Brote werden nicht matschig!)

2. Aus allen Zutaten in einer Rührschüssel mit den Knethaken des Handrührgeräts oder der Küchenmaschine einen glatten Teig kneten. Den Teig auf der leicht bemehlten Arbeitsfläche zu einem flachen Brotlaib formen, auf das Blech legen und die Oberfläche rautenförmig einschneiden (alternativ 8 Stangen oder Brötchen formen und nebeneinander auf das Blech setzen).

3. Das Brot im Ofen auf der mittleren Schiene etwa 40 Minuten backen. (Die Stangen oder Brötchen benötigen nur 30 Minuten.) Aus dem Ofen nehmen und vor dem Servieren abkühlen lassen.

### 1 TEIG – VIELE IDEEN

Ob Sie aus dem Teig ein kleines Brot, 8 Stangen oder 8 Brötchen backen, ist genauso variabel wie die Ideen zum Aufpeppen: Körner, Leinsamen, Kräuter, Käse, Gemüsewürfel – mischen Sie unter den Teig, was Sie am liebsten mögen! Das Brot lässt sich problemlos einfrieren – ich mache das portionsweise, so habe ich immer ein paar Scheiben LC-Brot im Haus.

EIN BASIS-
REZEPT,
VIELE MÖG-
LICHKEITEN

# SÜSSES + GEBÄCK

Ein Buch von mir ohne Süßes? Undenkbar! Die nächsten Seiten bieten deshalb Ideen für schnellen Genuss ohne Reue: Es gibt Eis, eine süße Bowl voller Vitamine, die leckersten Schokoladenmuffins und schnelle Cookies – denn Kekse gehen einfach IMMER, oder? Zum Glück müssen Sie sich nicht entscheiden, denn Sie können ja alles ausprobieren! Viel Vergnügen dabei!

# SCHNELLES EIS
## *MIT BUNTEN BEEREN*

**Vorsicht, Blitzeis! Auch wenn es draußen nicht friert, zaubern wir in Sekundenschnelle ein köstliches Dessert, so abwechslungsreich wie köstlich. Ihrer Fantasie sind hier keine Grenzen gesetzt.**

5 MIN.

VEGETARISCH, GLUTENFREI

FÜR 2 PERSONEN

200 g ungesüßte TK-Beeren (nach Wunsch)
50 g saure Sahne oder Schmand
50 g Sahne

Pro Portion: ca. 160 kcal, 2 g EW, 13 g F, 7 g KH

1. Die tiefgekühlten Beeren in einem hohen Rührbecher mit der sauren Sahne oder dem Schmand und der Sahne mischen. Alles mit dem Stabmixer zu einem schnellen Eis pürieren.

2. Das Eis nach Belieben mit 1 EL Birkenzucker süßen und mit etwas gemahlener Vanille oder Vanillebirkenzucker, gehackter Minze oder Zitronenmelisse verfeinern. Auf Dessertschalen verteilen und sofort servieren.

### NOCH MEHR EISSORTEN!

Sie können auch nur Sahne nehmen oder Joghurt, Dickmilch, Skyr oder Quark. Für ein schnelles Schwarzwälder-Kirsch-Eis am besten 1 kleinen Schuss Kirschwasser ins Eis geben und geraspelte Zartbitterschokolade (90 Prozent Kakaogehalt; oder Low-Carb-Schokolade) und ein paar Kirschstücke untermischen! Wenn es Ihr Lieblingsobst nicht tiefgekühlt zu kaufen gibt, einfach frisches Obst in Stücke schneiden und einfrieren.

MEIN
LOW-CARB-
BLITZEIS

# SÜSSE BOWL
## *MIT MINZJOGHURT*

**Gestresst? Urlaubsreif? Aber keine freien Tage in Sicht? Wie wäre es mit einer fruchtigen Bowl, bunt, exotisch und voller Vitamine? Dazu ein eiskalter Minzjoghurt: Genießen Sie Ihre Löffel-Auszeit!**

10 MIN.

VEGETARISCH, GLUTENFREI

FÜR 2 PERSONEN

200 g gemischte Beeren
150 g Papaya
150 g Kiwi
300 g griech. Joghurt (10 % Fett)
2 TL Vanillebirkenzucker
1 große Handvoll Minzeblätter

Pro Portion: ca. 300 kcal, 7 g EW, 16 g F, 10 g KH, 5 g Birkenzucker

1. Die Früchte vorbereiten, dazu die Beeren verlesen, waschen und trocken tupfen. Papaya und Kiwi schälen und eventuell entkernen, dann in mundgerechte Würfel schneiden. Beeren und Obstwürfel in flachen Schalen anrichten.

2. Den Joghurt mit dem Vanillebirkenzucker in einem hohen Rührbecher mit einem Schneebesen luftig aufschlagen. Die Minze waschen, trocken tupfen, fein schneiden und unter den Joghurt rühren, dabei etwas geschnittene Minze zum Garnieren beiseitelegen.

3. Den Minzjoghurt zum Servieren locker über die Obstschalen verteilen und mit Minze garnieren.

### DIE SUPER-BOWL

Im Sommer kann die süße Bowl sogar das Mittagessen ersetzen, gerade wenn abends noch ein Dinner ansteht oder gegrillt wird. Sie können das Obst auch durch Mango oder Passionsfrucht ergänzen oder ersetzen. Als Crunch passen geröstete Kokosraspel, Mandeln, Pistazien oder andere Nusskerne perfekt!

# HEIDELBEERSUPPE
## *MIT SCHMAND*

**Die Heidelbeersuppe ist vor allem im Norden Deutschlands sehr beliebt. Ich mag sie seit meiner Kindheit gern – egal ob als sommerliches Mittagessen oder als Dessert.**

15 MIN.

**VEGETARISCH, GLUTENFREI**

**FÜR 2 PERSONEN**

400 g Heidelbeeren
200 ml Heidelbeersaft
50 g Birkenzucker
1 Spritzer Zitronen- oder Limettensaft
2 EL Schmand oder saure Sahne

Pro Portion: ca. 225 kcal, 2 g EW, 5 g F, 21 g KH, 25 g Birkenzucker

1. Heidelbeeren verlesen, waschen und trocken tupfen, 1 Handvoll zum Garnieren beiseitestellen. Die restlichen Beeren mit dem Heidelbeersaft und dem Birkenzucker in einem Topf einmal aufkochen und mit geschlossenem Deckel bei mittlerer Hitze etwa 5 Minuten köcheln lassen.

2. Die Beeren vom Herd nehmen, im Topf oder in einem hohen Rührbecher mit dem Stabmixer fein pürieren und mit Zitronen- oder Limettensaft abschmecken. Die Suppe auf zwei Schalen oder tiefe Teller verteilen.

3. Die beiseitegestellten Heidelbeeren darüberstreuen und alles mit je 1 EL Schmand oder Sauerrahm garnieren.

### UND DAS PASST DAZU

Isst man die Heidelbeersuppe als Dessert, schmeckt sie lauwarm mit LC-Vanilleeis (Fertigprodukt) oder etwas eiskalter Sahne und gerösteten Mandelblättchen.

SUPERFOOD
ZUM
LÖFFELN!

# CHEESECAKE-WAFFELN
## *MIT VANILLE*

**Ein gut beschichtetes Waffeleisen (für belgische Waffeln) und eine Handvoll Zutaten – schon is(s)t man im siebten Waffelhimmel! Zu besonderen Anlässen gibt es „Waffeln am Stiel" (siehe Tipp).**

20 MIN.

**VEGETARISCH, GLUTENFREI**

**FÜR 6 STÜCK**

125 g Frischkäse (Doppelrahmstufe)
1 Ei (Größe L)
20 g Birkenzucker
ausgekratztes Mark von 1 Vanilleschote
25 g entöltes Mandelmehl
½ TL glutenfreies Backpulver
Öl für das Waffeleisen

Pro Stück: ca. 120 kcal, 4 g EW, 10 g F, 1 g KH, 3,3 g Birkenzucker

**1.** Den Frischkäse in einer Rührschüssel mit dem Ei, Birkenzucker und Vanillemark mit den Quirlen das Handrührgeräts aufschlagen. Das Mandelmehl mit dem Backpulver mischen und unterrühren. Den Teig 5 Minuten stehen lassen.

**2.** Inzwischen das Waffeleisen aufheizen. Den Teig nochmals durchrühren. Die Backflächen mit etwas Öl einfetten, eine kleine Menge Teig hineingeben und die Waffel 2 bis 2 ½ Minuten goldbraun backen.

**3.** Die Waffel herausnehmen und auf einem Kuchengitter ausdampfen lassen. Die übrigen 5 Waffeln genauso backen, bis der Teig aufgebraucht ist.

**4.** Die Waffeln am besten noch warm servieren und nach Belieben mit Puderzucker bestäuben. Dazu passen Joghurt, Quark oder frische Beeren nach Wahl!

### WAFFEL-LOLLIS

So gelingt's: Das Waffeleisen bitte gut einfetten und auf keinen Fall zu früh öffnen, sonst gehen die Waffeln kaputt! Steckt man jeweils einen Holz-Eisstiel vor dem Backen seitlich in den Waffelteig, erhält man „Waffeln am Stiel" – perfekt für Party oder Picknick!

# COOKIES
## *MIT SCHOKODROPS*

**Cookies passen immer und diese Schoko-Blitzkekse erst recht: Ob als Mitbringsel, Seelentröster oder kleines Extra zum Nachmittagskaffee – sie schmecken einfach traumhaft gut!**

**20** *MIN.*

**VEGETARISCH, GLUTENFREI**

FÜR CA. 35 STÜCK
200 g entöltes Mandelmehl
150 g kalte Butter
1 Ei
60 g brauner Birkenzucker
2 EL LC-Schokodrops oder gehackte LC-Schokolade
Mandelmehl zum Arbeiten

Pro Stück: ca. 75 kcal, 2 g EW, 7 g F, 1 g KH, 1,9 g Birkenzucker

1. Den Backofen auf 180 °C (Ober- und Unterhitze) vorheizen. Ein oder zwei Backbleche mit Backpapier belegen.

2. Alle Zutaten und 4 EL kaltes Wasser in einer Rührschüssel mit den Knethaken des Handrührgeräts oder der Küchenmaschine zügig zu einem glatten Teig verkneten.

3. Den Teig auf der leicht bemehlten Arbeitsfläche zu einer Rolle formen (ca. 5 cm Durchmesser) und in etwa 1 cm dicke Scheiben schneiden. (Da der Mandelteig nicht zerläuft, schneide ich relativ dünne Cookies, so werden sie superknusprig!)

4. Die Cookies nebeneinander auf das Blech setzen und etwas flach drücken. Die Kekse im Ofen auf der mittleren Schiene etwa 10 Minuten backen, bis sie knusprig sind. Herausnehmen und kurz abkühlen lassen.

### NOCH MEHR COOKIES

Für Double Chocolate Cookies 1 EL Back- oder Rohkakao und 2 EL Wasser zusätzlich in den Teig geben. Möchte man es noch schokoladiger, kann man die Cookies nach dem Backen mit LC-Kuvertüre verzieren. Statt LC-Schokodrops können Sie auch einfach 2 EL Mandeln, Walnuss-, Pekannuss- oder Pistazienkerne unter den Teig mischen. Und ganz in Weiß kommen die Cookies mit weißen LC-Schokodrops daher!

# BRATÄPFEL
## *MIT QUARK UND NÜSSEN*

**Da ich ein großer Cheesecake-Fan bin, wollte ich auch in dieses Buch wenigstens einen Hauch Cheesecake bringen. Und nun habe ich ihn im Apfel versteckt …**

30 MIN.

**VEGETARISCH, GLUTENFREI**

**FÜR 2 PERSONEN**

30 g gemischte Nusskerne
1 großer säuerlicher Apfel (ca. 260 g)
70 g Quark (20 % Fett)
1 TL Vanillebirkenzucker
1 Eigelb
2 TL Speisestärke oder Eiweißpulver

Pro Portion: ca. 275 kcal, 15 g EW, 13 g F, 22 g KH, 2,5 g Birkenzucker

1. Den Backofen auf 200 °C (Umluft) vorheizen. Die Nüsse in einer Pfanne ohne Fett hell rösten. Herausnehmen, kurz abkühlen lassen und dann grob hacken.

2. Inzwischen den Apfel waschen und quer durchschneiden. Mit einem Löffel oder Kernausstecher das Fruchtfleisch so aushöhlen, dass 2 Schalen mit fingerdickem Rand entstehen, dabei das Kerngehäuse jeweils entfernen. Auf die Stelle, wo das Kerngehäuse war, ein flaches Stück Apfelfruchtfleisch legen, damit unten nichts auslaufen kann.

3. Das herausgelöste Apfelfruchtfleisch in kleine Würfel schneiden und mit Quark, gerösteten Nüssen und Vanillebirkenzucker in einer Schüssel gründlich mischen. Das Eigelb und die Stärke oder das Eiweißpulver unter die Apfelmischung rühren.

4. Die Masse auf die Apfelschalen verteilen, dabei nicht zu hoch einfüllen – es soll nichts herauslaufen! Die Bratäpfel im Ofen auf der mittleren Schiene etwa 20 Minuten backen. Herausnehmen und unbedingt noch warm servieren!

### SERVIERTIPPS

Mit Puderbirkenzucker bestäuben, mit kalter Sahne anrichten oder eine Kugel LC-Blitzeis (siehe S. 112) dazu reichen – das ist während der Backzeit im Nu gemacht!

SCHMECKT AUCH IM SOMMER!

# SCHOKOMUFFINS
## *MIT FLÜSSIGEM KERN*

**Schokolade stellt keine Fragen, kennt keine schlechte Laune, schaut nicht auf die Uhr: Schokolade ist einfach da und ersetzt jede Therapie! Hier meine schnellen Muffins für beste Schokolaune ...**

30 MIN.

**VEGETARISCH, GLUTENFREI**

**FÜR 8 STÜCK**

100 g weiche Butter
50–80 g Birkenzucker
2 Eier
100 g entöltes Mandelmehl
1 TL glutenfreies (Weinstein-)Backpulver
10 g Back- oder Rohkakao
Salz
4 EL Milch (1,5 % Fett) oder Sahne
8 kleine Stücke LC-Schokolade oder 8 LC-Pralinen
Puderbirkenzucker zum Bestäuben

Pro Stück: ca. 240 kcal, 6 g EW, 21 g F, 2 g KH, 9,5 g Birkenzucker

1. Den Backofen auf 175 °C vorheizen. Die weiche Butter in einer Rührschüssel mit der gewünschten Menge Birkenzucker mit den Quirlen des Handrührgeräts verrühren. Die Eier einzeln dazugeben und jeweils gründlich unterrühren.

2. Dann das Mandelmehl mit Backpulver, Kakao und 1 Prise Salz mischen und abwechselnd mit der Milch oder Sahne unterrühren.

3. Den Teig auf acht beschichtete Muffinförmchen verteilen und je 1 Schokoladenstück oder 1 Praline in die Mitte drücken. Die Muffins im Ofen auf der mittleren Schiene etwa 20 Minuten backen. Herausnehmen und sofort servieren. Mit Puderbirkenzucker bestäubt servieren.

### NOCH MEHR KUCHEN

Für Abwechslung sorgt noch etwas abgeriebene Bio-Orangen- oder Limettenschale im Schokoladenteig. Und: Die Teigmenge reicht auch für eine Mini-Springform (20 cm Durchmesser) – die Schokostücke oder Pralinen dann weglassen!
Wer sich glutenfrei ernähren möchte oder muss, verwendet am besten Weinsteinbackpulver oder Backpulver aus Maisstärke. Ein Blick auf die Zutatenliste ist immer hilfreich!

AUS DEM
OFEN GLEICH
GENIESSEN!

# BOUNTY-CREME
## MIT KOKOSRASPELN

**Wer liebt sie nicht, die kleinen Riegel, die so gar nicht in die zuckerfreie Ernährung passen wollen? Die Lösung: eine Creme, die man sich ganz und gar ohne Reue schmecken lassen kann.**

30 MIN.

VEGETARISCH, GLUTENFREI

FÜR 2 PERSONEN

75 g Mascarpone (siehe Tipp)
25 g cremige Kokosmilch
½ TL gemahlene Vanille oder abgeriebene Bio-Orangenschale
2 EL Kokosraspel
100 g Sahne
etwas Zartbitterschokolade und Kokoschips zum Garnieren

Pro Portion: ca. 440 kcal, 4 g EW, 43 g F, 9 g KH

1. Die Mascarpone mit der Kokosmilch in einer Schüssel mit den Quirlen des Handrührgeräts aufschlagen. Nach Belieben mit 1 EL Puder-Erythrit süßen (der löst sich schnell auf).

2. Die Mascarponecreme mit Vanille oder Orangenschale verfeinern und die Kokosraspel untermischen. Die Sahne mit den Quirlen des Handrührgeräts steif schlagen und mit einem Teigschaber vorsichtig unter die Mascarponecreme heben.

3. Die Creme im Kühlschrank etwa 20 Minuten ziehen lassen, so werden die Kokosraspel zart. Währenddessen die Schokolade hacken und in einer Metallschüssel über dem heißen Wasserbad unter Rühren schmelzen. Die Kokoschips in einer Pfanne ohne Fett leicht rösten, herausnehmen und abkühlen lassen.

4. Die Creme auf Dessertschalen verteilen, mit geschmolzener dunkler Schokolade (oder LC-Schokolade) anrichten und mit den gerösteten Kokoschips als Crunch-Topping bestreuen.

### FÜR DIE SCHLANKE LINIE

Mit Quark statt Mascarpone kommt das Dessert gleich viel kalorien- und fettärmer, aber proteinreicher daher. Wenn Sie 75 g Magerquark verwenden, kommen Sie pro Portion auf nur 335 kcal, 7 g EW und 30 g F – die Kohlenhydrate (KH) bleiben unverändert.

FÜR ALLE
FREUNDE
VON KOKOS

# VEGGIE-MENÜ IN 30 MINUTEN

Simsalabim … So schnell kann's gehen, wenn man Familie oder Freunde in Rekordzeit fleischlos glücklich machen will. Die Zauberformel heißt: clevere Planung – denn während das Dessert im Kühlschrank fest wird, kann man ohne Stress Salat und Hauptgang zubereiten. Und sich dann ganz entspannt zu den anderen an den Tisch setzen.

## MÖHRENSALAT ORIENTALISCH

VOR-SPEISE

HAUPT-SPEISE

## KOHLRABINUDELN MIT AVOCADOCREME

NACH-SPEISE

## SCHOKO-MOUSSE

# DER GENIALE ABLAUFPLAN

... damit beim Kochen garantiert nichts schiefläuft!

## AVOCADOCREME

2 Avocados, 2 EL Olivenöl, 2 EL Zitronensaft, 1 Bund Petersilie, Salz, Pfeffer aus der Mühle,
Pro Portion: ca. 185 kcal, 2 g EW, 18 g F, 4 g KH

Die Avocados halbieren, den Stein entfernen, Hälften schälen und grob schneiden. Sofort mit Olivenöl und Zitronensaft in einem hohen Rührbecher mischen. Die Petersilie waschen, trocken tupfen und die Blätter abzupfen. Die Hälfte der Blätter mit der Avocado fein pürieren, den Rest grob hacken und beiseitelegen. Die Creme salzen und peffern.

## MÖHRENSALAT ORIENTALISCH

2 Handvoll Haselnusskerne, 4 große Möhren, 2 Knoblauchzehen, 3 EL Olivenöl, 2 TL Harissa (orient. Würzpaste), Salz, Pfeffer aus der Mühle, 1 Bund Koriandergrün, Saft von 1 Limette
Pro Portion: ca. 260 kcal, 4 g EW, 20 g F, 12 g KH

Die Nüsse in einer Pfanne ohne Fett leicht rösten, dann grob hacken. Möhren putzen, schälen und mit Sparschäler oder in der Küchenmaschine grob raspeln. Knoblauch schälen, fein reiben und mit Öl und Harissa in einer Salatschüssel mischen, mit Salz und Pfeffer würzen. Möhrenraspel gründlich untermischen. Den Koriander waschen, trocken tupfen und grob hacken. Zum Servieren den Koriander unter den Salat mischen, mit Limettensaft abschmecken und mit den Haselnüssen bestreuen.

# KOHLRABINUDELN MIT TOFU

4 große Kohlrabis, 2 TL Currypulver, Salz, 400 g Räuchertofu, 1 TL Öl zum Braten

Pro Portion: ca. 195 kcal, 16 g EW, 8 g F, 12 g KH

Die Kohlrabis putzen, schälen und mit einem Spiralschneider zu Spaghetti schneiden. In einen Topf geben, mit Wasser bedecken und Currypulver und Salz hinzufügen. Alles einmal aufkochen, dann den Topf vom Herd nehmen und die Kohlrabinudeln noch 5 Minuten ziehen lassen. Währenddessen den Tofu in kleine Würfel schneiden und im Öl knusprig braten. Die Kohlrabinudeln mit der Avocadocreme anrichten und mit der übrigen Petersilie (von der Avocadocreme) bestreuen, den Tofu darübergeben.

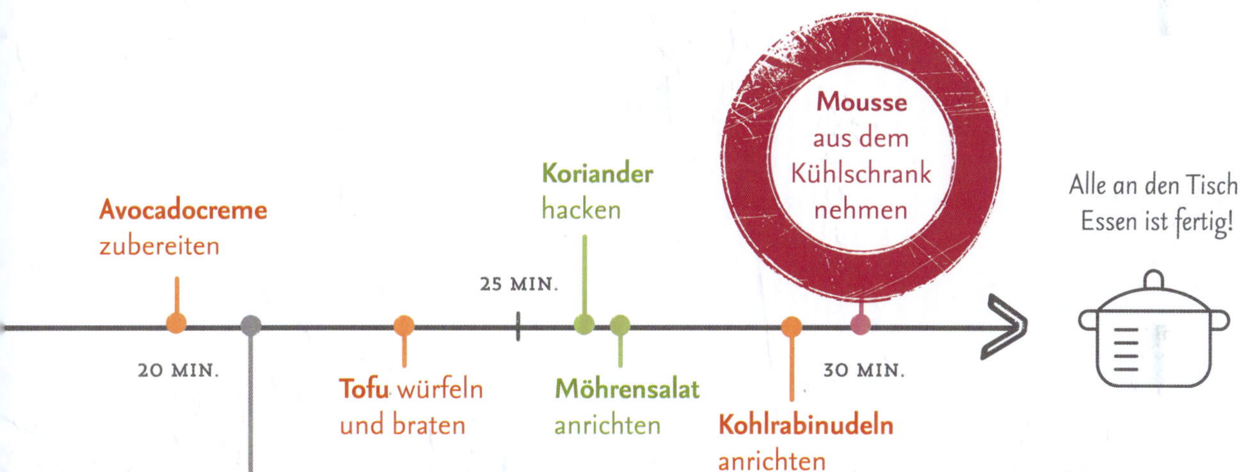

# SCHOKOMOUSSE

100 g LC-Zartbitterschokolade (ersatzweise Zartbitterschokolade mit 90 % Kakaogehalt), 2 TL Kokosöl, 200 g Sahne

Pro Portion: ca. 155 kcal, 2 g EW, 15 g F, 1 g KH, 3,8 g Birkenzucker

Die Schokolade grob hacken und mit dem Kokosöl in einer Metallschüssel über dem heißen Wasserbad unter Rühren schmelzen. In eine kalte Schüssel füllen und abkühlen, aber nicht fest werden lassen. Nach Belieben mit Vanillemark, Zimtpulver, geriebener Tonkabohne oder Bio-Orangenschale verfeinern. Die Sahne steif schlagen und unterheben. Die Schokomousse kühl stellen.

**Petra Hola-Schneider**
ist in Böhmen aufgewachsen, inmitten von Knödeln, Mehlspeisen und Saucen. Die Liebe zum Kochen, Backen und Genießen wurde ihr praktisch in die Wiege gelegt. Im Zuge einer Ernährungsumstellung hat Petra Hola-Schneider vor Jahren die Low-Carb-Küche für sich entdeckt, 2014 begann sie, ihre Rezepte auf ihrem Blog www.holladiekochfee.de zu präsentieren. 2016 erschien ihr erfolgreiches Backbuch. Dieses ist der zweite Streich der Kochfee. Ihr Credo: Gesund und frisch kochen gelingt auch im Expresstempo absolut stressfrei.

**Danksagung**
VielenDank an den ZS Verlag und seinen Verleger Jürgen Brandt für die Möglichkeit, meinen Feenstab weiterzuschwingen, an meine liebe Kathrin und ihr Team für die entspannte Zusammenarbeit – diesmal war es für uns beide viel einfacher! Danke an meinen Mann und die Kinder für die perfekte PR-Arbeit, an all meine Bloggerkollegen und Fans für die wunderbaren Rezensionen und an Anke für die traumhaft schönen Fotos!
Das größte Dankeschön geht aber an Sie, liebe Leserinnen und Leser, denn ohne Ihr enormes Echo auf mein Backbuch wäre der Zauber schnell vorbei gewesen!

Die Nährwerte in diesem Buch wurden mit dem Programm PRODI® 6.0 Compact Plus berechnet.


Kaiserstraße 14 b
D-80801 München

ISBN 978-3-89883-700-2
1. Auflage 2017

Projektleitung: Kathrin Ullerich
Lektorat: Kathrin Gritschneder
Grafische Gestaltung: Ronja Bernhardt, Julia Arzberger
Satz: Christopher Hammond
Foodfotografie: Anke Schütz
Fotoassistenz: Kirsten Petersen, Tania Schultz
Foodstyling: Diane Dittmer
Autorenfotos: Jan Russok
Herstellung & Producing: Jan Russok
Druck & Bindung: optimal media GmbH, Röbel

Im Buch enthaltene Fotos können zur eigenen Nutzung erworben werden unter www.stockfood.com

Die ZS Verlag GmbH ist ein Unternehmen der Edel AG, Hamburg.
www.zsverlag.de | www.facebook.com/zsverlag